I0072464

UNIVERSITÉ DE FRANCE.

ACADÉMIE DE STRASBOURG.

ACTE PUBLIC

POUR LA LICENCE,

PRÉSENTÉ

A LA FACULTÉ DE DROIT DE STRASBOURG

ET SOUTENU PUBLIQUEMENT

le Lundi 22 Novembre 1858, à midi,

PAR

HENRI-GUSTAVE THOUVENEL,

de Wissembourg (Bas-Rhin).

BIBLIOTHÈQUE IMPÉRIALE

DÉPOT LÉGAL
Bas-Rhin
N° ...
1858

STRASBOURG,

DE L'IMPRIMERIE D'ÉDOUARD HUDER, RUE DES VEAUX, 4.

1858.

FACULTÉ DE DROIT DE STRASBOURG.

MM. AUBRY ✳. . . . . . . doyen et prof. de Droit civil français.
    HEPP ✳ . . . . professeur de Droit des gens.
    HEIMBURGER. . . . . professeur de Droit romain.
    THIERIET ✳ . . . . . professeur de Droit commercial.
    SCHÜTZENBERGER ✳ . professeur de Droit administratif.
    RAU ✳. . . . . professeur de Droit civil français.
    ESCHBACH . . . . . . professeur de Droit civil français.
    LAMACHE ✳ . . . . . professeur de Droit romain.
    DESTRAIS. . . . . . . professeur de Procédure civile et de
                   Droit criminel.

M. BLŒCHEL ✳ . . . . . . professeur honoraire.

MM. LEDERLIN , professeur suppléant provisoire.
    MARINIER , *idem.*

M. BÉCOURT , officier de l'Université, secrétaire, agent compt.

MM. HEPP , président de la thèse.
    THIERIET ,
    HEIMBURGER ,   } examinateurs.
    LEDERLIN ,

La Faculté n'entend approuver ni désapprouver les opinions parti-
culières au candidat.

JUS ROMANUM.

DE CURA FURIOSI ET PRODIGI.

§ 1. *Generalia quædam de curatione.*

Homo cum ætatis gratia aut corporis mentisve infirmitatis causa bona sua administrare non posset, personæ curatori vocatæ hujus administrationis committebatur cura. Ita minoribus viginti et quinque annis dabantur curatores, cum puberes essent; dabantur quoque furiosis, prodigis, infirmis, cæcis et mutis. Lege duodecim tabularum constituta est furiosorum prodigorumque cura, quæ hac lege proximis agnatis gentilibusque committebatur. Sed non ita de minorum curatione. Adhuc puræ vigebant enim mores, pravorumque juvenium raro animadvertebatur exemplum, cum hæc lex condita fuit. Haud necesse puberibus dare curotores cogitabat legislator, juvenesque furiosis prodigisque in quabusdam rebus similes facere. Sed ne fallerentur qui adhuc teneræ ætatis erant, præcepit lex Lætoria puberes usque ad viginti et quinque annorum ætatem minores deinceps esse, illosque, cum læderentur, frui posthac beneficio restitutionis in integrum; disposuitque curatores puberibus dandos, cum ab his peteretur curator, judicaretque magistratus, cognita causa, illud istis prodesse. Jussit tandem Marcius Aurelius minores a tutela egredi non posse dum curatorem non poscerent; hujus requisitionis sic imposuit illis necessitatem.

Ut curator esse possis, te naturali civilique nullo impedimento vetari oportet. Ita cæcus curator esse non posset. Civilia impedimenta e lege nascuntur : sic habiles ad curationem non essent, qui libertatem judicio amiserunt. Est cura munus publicum, quamvis nulla induceretur dignitate curator, nullaque isti solveretur publica pecunia. Sed hac ratione publicum vocatur illud munus, quia lege vel a magistratu defertur, civisque, nisi excusatus sit, rejicere non potest.

Personam pupilli curare, ejus administrare bona tenetur tutor. Sed sola curatori incumbit bonorum administratio. Hic furiosi tamen personam quoque curare debet.

§ 2. *De diversis furorum generibus secundum jus romanum.*

Diligenter furorem exploraverunt antiqui medici, nam frequentes erant in Italia et in Græcia mentis alienationes. Curate studuerunt hoc morborum genus Hippocrates, Celsus, Soranus et alii quidem, et jam fere omnes, quas nostri descripserunt medici, observaverunt furoris species. Videtur jam duo genera mentis alienationum distinxisse antiquos : alienationem, quæ homini liberum arbitrium tollit; et alienationem, quæ arbitrium homini non tollit. Et hoc isto Ciceronis loco videtur : «Græci autem μανιαν unde appellent, non facile dixerim. Eam tamen ipsam distinguimus nos melius, quam illi. Hanc enim in saniam, quæ juncta stultitiæ patet latius, a furore distinguimus. Græci volunt illi quidem, sed parum valent verbo : quem nos furorem, μελαγχολιαν illi vocant. Quasi vero atra bili solum mens, ac non sæpe vel iracundia graviore, vel timore, vel dolore moveatur. Quo genere Athamantem, Alcmæonem, Ajacem, Orestem furere dicimus. Qui ita sit affectus, eum dominum esse rerum suarum vetant duodecim tabulæ. Itaque non est scriptum, si insanus, sed si furiosus esse incipit. Stultitiam enim censuerunt, inconstantiam, id est, sanitate vacantem : posse tamen tueri mediocritatem officiorum, et vitæ communem cultum atque usitatum. Furore autem rati sunt, mentis ad omnia cæcitatem [1].»

Sunt nobis satis confusæ notiones de admissa in jure romano furorum divisione. Videmus in hoc jure verba furiosi, dementes, mente capti et fatui diversa amentiarum genera designasse; vocabulum autem furor omnes mentis cæcitates universe significabat. Notabant generaliter quos *fous* vocamus verba furiosi et dementes, et specialiter quos *furieux* et *déments*. Utebantur Romani et verbis mente capti, ut indicarent sæpissime quos *imbécilles* et aliquando quos *déments* nominamus. Frequentissime designabat quos *idiots* vocamus vocabulum fatui, et interdum quos nos *imbécilles*. Noscebant quoque antiqui morbum, quem *monomanie* appellamus. Erat secundum Aræteum varietas maniæ.

Inter mente captos comprehendebantur jure romano surdi et mutui, nesciebant enim antiqui hanc pretiosam surdos et mutos quomodo legere ac scribere possent docendi artem. Hi quidquam agere non poterant, iisque curatores dabantur : «Mente captis et surdis et mutis et qui perpetuo morbo laborant, quia rebus suis superesse non possunt, curatores dandi sunt [2].» Diversa surdorum et mutorum discernit Justinianus genera. Ait esse surdos et mutos, quibus hæc duplex infirmitas simul accidit, et surdos natos esse, qui non simul muti sint. Et id hoc textu videtur : «Sin autem infortunium discretum est, quod ita raro contigit; et surdis, licet naturaliter hujusmodi sensus variatus est, tamen omnia facere et in testamentis et in codicillis et in mortis causa donationibus, et in libertatibus et in omnibus aliis permittimus. Si enim vox articulata ei a natura concessa est, nihil prohibet eum omnia quæ voluerit facere [3].» Plinius tamen dixerat non esse natos surdos, qui non simul muti sint [4]. Qui naturaliter surdus sed non mutus erat

---

1. Cicero, Tusculanæ quæstiones, lib. III.
2. Instit. lib. I, tit. XXIII (de curatoribus) § 4.
3. Cod. lib. VI, tit. XXII (qui testamenta facere possint) lex 10.
4. Hist. natur. X. 69.

non igitur inhabilis habebatur sicut ille, qui surdus et mutus natus erat. Item valide agere poterat, dummodo scribere sciret, is qui morbo simul surdus et mutus factus erat.

Prodigos a liberalibus discernebant quoque antiqui : «Omnino duo sunt genera lorgorum : quorum alteri, prodigi; alteri, liberales. Prodigi, qui epulis, et viscerationibus, et gladiatorum numeribus, ludorum venationumque apparatu, pecunias profundunt in eas res, quarum memoriam aut brevem, aut nullam omnino sunt relicturi : liberales autem, qui suis facultatibus aut captos a prædonibus redimunt, aut æs alienum suscipiunt amicorum, aut in filiarum collocatione adjuvant, aut opitulantur vel in re quærenda, vel augenda[1].»

§ 3. *De dilucidis furiosorum intervallis.*

Sunt furiosi, quorum amentia intervallis frangitur, in quibus plena fruuntur ratione, sanisque comparari possunt. Et sicut dementia furiosos quemdam validum actum facere vetabat, possunt per dilucida intervalla quidlibet agere, et id hoc textu probatur : «Intermissionis autem tempore, furiosos majores viginti quinque annis venditiones et alios quoslibet contractus posse facere non ambigitur[2].» Sed oportebat, ut hæc facultas vesano dilucido intervallo redderetur, hoc intervallum non solum remissionem, sed intermissionem furoris esse, id est vesanum non modo pallida luce rationis, sed plena frui ratione. Nam actus furiosi per dilucida intervalla facti validi erant regula, qua furor nullum in anterioribus actibus habet effectum. Dicitque jus romanum actum a furioso per dilucidum intervallum factum non secus valere ac si nunquam fuisset mentis alienatio. Cum hi putarentur actus ab homine, qui nunquam amens fuerat, factos esse, certum est hos præsumi actos ab homine plena fruente ratione. Pondera deinde

---

1. Cicero, de officiis, lib. II.
2. Cod. lib. IV, tit. XXXVIII (de contrahenda empt. et vend.) lex 2.

hæc Justiniani verba : «Per intervalla quæ perfectissima sunt, nihil curatorem agere, sed ipsum furiosum, dum sapit, et hæreditatem adire, et omnia alia facere, quæ sanis hominibus competunt [1].» Utens verbis intervalla perfectissima Justinianus putabat minus perfecta esse intervalla ; et cum dicat curatorem per hæc vesani dilucida suspendere munus debere, sequitur curatorem munus per hujus imperfecta intervalla non suspendere debere. Sed omnia furoris genera amenti non permittebant dilucidorum intervallorum benefacto frui : «Cum aliis quidem hominibus continuum furoris infortunium accidat, alios autem morbus non sine laxamento aggrediatur, sed in quibusdam temporibus quædam eis intermissio perveniat [2].» Recte non scimus de qua furoris specie hoc textu loqui voluit legislator, quasque continuas putabat amentias. Tamen jure romano præsumi videtur nobis, textum legis 25 (Cod. lib. V. tit. IV. de nuptiis) studentibus, mente captos plerumque dilucida intervalla habere non posse, istis autem intervallis interdum frui furiosos. Expectare debebat enim ante Justinianum filius furiosi dum matrimonium assentiret pater, ut uxorem ducere habilis esset ille, non ita vero de filio mente capti : nubere poterat patre non consulto.

§ 4. De curatione furiosorum et prodigorum.

Lege duodecim tabularum constituta est furiosorum prodigorumque cura. Hac lege proximis agnatis gentilibusque committebatur ista curatio. «Si furiosus aut prodigus existat, ast ei custos nec escit : agnatorum gentiliumque in eo pecuniave ejus potestas esto.» Sed tacuerat hæc lex de casu quo nec agnati nec gentiles essent. Prætor cum judicasset prodigum esse quemquam, his interdicebat verbis : «quando tua bona paterna avitaque nequitia tua disperdis, liberosque tuos ad egestatem perducis, ob eam rem tibi ea re commercioque interdico.»

1. Cod. lib. V, tit. LXX (de curatore furiosi vel prodigi) lex 6.
2. Eodem.

Deficiente legitima, deferebatur a magistratu curatio. Ita prodigo libertino dabatur curator a magistratu: libertino enim, nullam habenti familiam, nec agnatus nec cognatus curator esse poterat. Deferebatur quoque a magistratu cura, cum bona gerere inhabilis esset legitimus curator; furioso vel prodigo duo tunc erant curatores, legitimus datusque a magistratu. Item mulieri dabatur a prætore curator, cum hæc, jure trium liberorum e tutela egressa, bona sua dissiparet. Nulla erat testamentaria cura: non enim ipso jure erat filiifamilias curator, quem pater testamento vocaverat. Manebat vero ea datio apud prætorem. Jam dixi curationem sæpe ab auctoritate publica defertam. Romæ ab urbis præfecto dabatur curator, si plebeianus esset qui interdicebatur. Sed si nobilis esset, convocabat præfectus senatum, qui curatorem dabat. In provinciis tandem curator a præside coram episcopo tribusque primatibus civitatis deferebatur.

Ut posset interdici quidam, oportebat eum majorem esse: si enim minor esset, sub tutoris curatorisve auctoritate manebat usque eo quoad sui juris esset. Filiusfamilias, etiam cum peculium castrense haberet, interdici non poterat: nam isti curatoris opus non erat, dum sub aliæ personæ auctoritate esset. Item servus interdici non poterat: servus enim sub auctoritate magistri erat. Et ut reperiebantur sæpe qui, ad evitanda civilia onera, se furiosos esse fingebant, nulli dare curatorem, nisi cognita causa, magistratibus præcepuerunt imperatores.

Celsus aliique jurisconsulti filium non patris curatorem esse putaverunt: illis enim indecorum videbatur patrem a filio regi. Sed Antonius pius divique fratres rescripserunt filium curatorem patri dandum potius quam extraneum, cum dignus videretur ille. Potest quoque filius curator matris esse. Sed vir uxori dari non est habilis: cum prohibeantur nuptiæ inter curatorem et illam quæ in cura est, nuptias in casu prohibito esse noluit legislator; timuitque ne vir maritali abutatur auctoritate, administrationisque rationes recte mulieri non reddat, quando sana ista erit.

§ 5. *De administratione curatorum furiosorum prodigorumque.*

Ut sint validi actus administrationis furiosi prodigive, oportet:

1° Eum satisdare, nisi a patre furiosi nominatus sit, quoniam a patrefamilias delectum satis cavere cogitavit legislator. Item qui satis locuples habetur hac immunis esse potest obligatione. Non lege duodecim tabularum, sed edictis prætorum introducta est cavendi obligatio. Tenetur qui fidejussit quod curator injuria fecit solvere, cum hic solvere nequit. Potest destitui curator, qui non satis davit. Cum solvere nequit fidejussor, actione utili agere habilis est qui interdictus est contra magistratum, qui curatorem dedit fidejussoremque admisit.

2° Eum inventarium facere.

3° Eum bene officio se functurum jurare. Ista conditio jure Justiniani imposita est.

Omnes curatoris actus ad administrationem pertinentes nulli sunt antequam has impleverit conditiones, nisi quod fecit prodigo dementive utile fuerit. Exempli gratia curator dementi decreto datus ita ut satisdare deberet hanc non implevit conditionem, et res de bonis ejus legitimo modo alienavit. Si hæredes dementis eas, quas curator alienavit, repetant res, et exeptio opponetur *si non curator vendiderit,* replicatio dari debet, *aut si satisdatione interposita secundum decretum vendiderit.* Sed si furiosi debita isto pretio bonorum solvit curator, triplicatio doli tutos possessores præstabit.

Videamus nunc quæ sit curatoris auctoritas. Administrare debet curator non modo bona quæ habet prodigus, cum ei curator datus est, sed et ea quæ posthac ei adveniunt, quorum curator inventarium facere tenetur. Quum furioso defertur hereditas, curatorem eam adire posse constat, si furiosus heres suus est, et si hereditas extranei est, curator bonorum possessionem adire habilis est. Potest quoque revocare quod furiosus donavit, antequam curatorem haberet. Sed cum bona interdicti administrandi modo sit curatori potestas, certum est hunc libertatem servis præstare non posse, nisi judicaret judex istud furioso utile. Item curator bona interdicti dedicare non potest, bona enim alienare nequit.

Cum bona interdicti non recte administrat curator, hic suspectus accusari potest. Curatorem divem vel pauperem accusandi tibi est facultas. Sicut curator suspectus non habetur, quia pauper est, si honeste bona gerit, curator, quamvis dives sit, suspectus esse potest, quum honestus non est. Neque dubium quidem curatorem solvere posse quod injuria fecit, quum dives est; sed melius esse malum avertere, quam ad hoc extremum venire remedium cogitavit legislator. Curatorem ab officio submovet suspicionis accusatio. Si rejicitur hæc accusatio, absolvitur curator, officio iterum se fungere et contra calumniatorem agere habilis est. Si admittitur hæc accusatio, pœna infamiæ damnatur, id est omni dignitate excluditur, nec testis in criminalibus causis esse, nec causam orare, nec in locis manere potest ubi princeps commoratur. Ista infamiæ pœna curatori infideli judicato per totam vitam irrogatur, donec a principe magistratuve in integrum restitutus est. Hoc differebatur juris infamia a facti infamia, quæ meliore morum habitu delebatur.

§ 6. Quando cessat furiosorum prodigorumque curatio, et de actionibus, quæ ex istius administratione nascuntur.

Cessat furiosorum prodigorumque curatio, cum causa, ex qua nascitur, cessat. Sic finitur prodigi curatio, quum ille nondum prodigus est; cessatque furiosi cura, quum hic nondum furiosus est. Disputaverunt veteres an cessaret, an modo suspenderetur furiosi cura, cum ejus remitteretur morbus; illamque modo suspendi jussit Justinianus. Est cum furiosi prodigive curatore negotiorum gestorum actio. Etiam in curatione hac actione agi potest, insanum enim esset tandem post mortem furiosi hanc isti competere actionem.

DROIT CIVIL FRANÇAIS.

DE L'INTERDICTION ET DU CONSEIL JUDICIAIRE.

PREMIÈRE PARTIE.

De l'interdiction judiciaire.

CHAPITRE PREMIER.

Des causes d'interdiction.

§ 1er. «Le majeur qui est dans un état habituel d'imbécillité, de démence ou de fureur doit être interdit, même lorsque cet état présente des intervalles lucides» (C. Nap., art. 489). On voit d'après ce texte que le Code Napoléon distingue trois genres de folie : l'imbécillité, la démence et la fureur. Lorsque la folie a pour cause la faiblesse des facultés mentales, elle est appelée imbécillité, si cet état est originaire, et démence, s'il n'est pas originaire. La folie est désignée sous le nom de fureur, lorsque ces facultés sont surexcitées à un tel point, que l'aliéné soit poussé à nuire aux autres et à lui-même.

2

Pinel et Esquirol distinguent quatre classes d'aliénations mentales : la manie ou délire général, la mélancolie ou délire exclusif, la démence ou abolition de la pensée, et l'idiotisme ou abolition des facultés intellectuelles et affectives.

Cette classification est admise par la plupart des médecins, parce qu'on a reconnu que chaque variété d'aliénation mentale pouvait se ranger dans l'une de ces classes. Si le législateur a voulu comprendre par les mots *démence* et *imbécillité* les folies que les médecins nomment *démence* et *idiotisme*, et s'il a désigné sous le nom de *fureur* [1] le genre de folie que les médecins appellent *manie générale*, l'énumération des folies faites par le Code Napoléon est complète. Car il ne faut pas confondre l'aliénation mentale avec la folie. On appelle aliénation mentale l'état d'un homme dont les facultés morales ont toujours été nulles ou faibles, ou ont subi un affaiblissement ou un dérangement plus ou moins sensible, soit que cette indisposition entraîne, soit qu'elle n'entraîne pas habituellement la perte du libre arbitre. La folie est au contraire l'état de celui qui ne jouit pas habituellement du libre arbitre. Ainsi, le mot *aliénation* sert à désigner toutes les maladies mentales, tandis que le mot *folie* ne comprend qu'une certaine classe d'aliénés. Or, les médecins ne sont pas d'accord sur la question de savoir si la mélancolie cause habituellement la perte du libre arbitre [2]. Et comme on

---

1. La fureur est, selon les médecins, un phénomène qui peut se présenter dans toutes les espèces de folie. Ce qui peut faire supposer que le législateur a voulu désigner sous le nom de fureurs la folie que les médecins appellent manie générale, c'est que les maniaques ont plus souvent des accès de fureur que les autres fous. Quant aux mots *idiotisme*, *imbécillité*, ils sont souvent confondus dans le langage ordinaire.

2. Selon Hoffbauer (Médecine légale relative aux aliénés, traduction de Chambeyran, p. 105), le monomaniaque n'est vraiment privé de raison, que lorsqu'il est obsédé par son idée fixe ou par sa passion dominante, et tous les actes qu'il fait en dehors de ce qui cause son délire doivent conserver leur validité en droit civil et leur culpabilité en droit criminel. Il ajoute que son délire partiel peut

doit, dans le doute si un aliéné est ou n'est pas fou, décider qu'il ne l'est pas, il faut, jusqu'à ce que cette question soit résolue par les médecins, juger qu'en règle générale la mélancolie n'entraîne pas habituellement la perte du libre arbitre, et par conséquent que la mélancolie, à moins qu'elle ne soit extrême, ne doit pas être une cause d'interdiction.

Les sourds-muets peuvent être interdits, recevoir un conseil judiciaire ou conserver le plein exercice de leurs droits civils, suivant l'état de leur intelligence et l'éducation qu'on leur a donnée : car il

toutefois dégénérer en délire général. Mais cette doctrine a de nombreux contradicteurs, dont je vais citer les principaux.

«Dans la *monomanie*, dit Esquirol, dans la *manie raisonnante* de Pinel, l'intelligence est plus ou moins lésée. S'il n'en était pas ainsi, les aliénés se laisseraient conduire par le raisonnement et reconnaîtraient que leurs principes sont faux, que leurs actions sont insolites et bizarres. Leur intelligence est plus ou moins en défaut ; elle a perdu son influence sur la volonté ; elle n'est plus en harmonie avec les autres facultés. L'action intellectuelle est suspendue ; il y a même rigoureusement lésion de l'entendement. Il y a donc folie.» (Des maladies mentales, t. II, p. 5.)

Selon Fabret : «on s'imagine trop que les aliénés à délire partiel n'ont qu'une idée erronée ou un sentiment exclusif implantés dans une nature intellectuelle et morale tout à fait saine ; la réflexion sur les facultés intellectuelles et affectives, ainsi que l'observation directe, prouvent surabondamment que c'est là une erreur qui, selon nous, a les conséquences les plus graves. Pour ne parler que de l'observation directe, elle apprend tous les jours qu'au délire dominant se joignent d'autres délires très-divers, ou des illusions et des hallucinations qui peuvent n'avoir aucun rapport avec le délire principal ; qu'il y a chez la plupart de ces malades une aptitude singulière à délirer.» (De l'enseignement clinique des maladies mentales, p. 75.)

«En général, dit Georget, dans les délires exclusifs, le trouble de l'intelligence est rarement limité, comme on pourrait le penser d'après quelques descriptions ; la plupart de ces malades sont le plus souvent préoccupés, peu capables de se livrer à leurs occupations.» (Dictionnaire de médecine, V° *Folie*.)

en est qui savent lire et écrire[1] ; d'autres qui n'ont reçu qu'une éducation mimique, d'autres enfin qui n'ont reçu aucune éducation spéciale. Suivant la jurisprudence moderne, le sourd-muet même privé d'instruction, qui donne des signes d'intelligence, ne doit pas être considéré comme un imbécille, ni par conséquent interdit : mais on doit seulement le pourvoir d'un conseil judiciaire[2]. Les questions de fait, dont le but est de faire décider quelle est la capacité de tel ou tel sourd-muet, sont pleines de difficultés ; car les règles données par la science médicale sur la capacité des sourds-muets sont encore incertaines.

Pour qu'une personne puisse être interdite, il faut que l'état de sa folie soit habituel. Il ne suffit donc pas qu'elle éprouve des accès plus ou moins passagers d'aliénation mentale. Ainsi l'ivresse, un délire fébrile, une faiblesse d'esprit même accompagnée d'épilepsie, ne pourraient pas motiver une interdiction. Mais il n'est pas nécessaire, pour qu'une personne puisse être interdite, que l'aliénation mentale soit

---

1. Les anciens ignoraient l'art d'apprendre aux sourds-muets à lire et à écrire. Cet art a été créé au seizième siècle par un Espagnol appelé Petro de Ponce.

2. Voyez les arrêts de la Cour de Lyon du 14 janvier 1812, de la Cour de Toulouse du 16 août 1841, de la Cour de Rouen du 18 mai 1842, de la Cour de cassation du 15 janvier 1844.

Selon Itard et Seguin, le sourd-muet, qui n'a reçu aucune éducation, peut être assimilé jusqu'à un certain point à l'imbécille. «Je puis assurer, dit Itard, que plus d'un 40e des sourds-muets est atteint d'idiotisme, soit que cette inaptitude mentale résulte de l'inaudition, soit qu'elle dépende de la même cause qui a paralysé le sens auditif.» (Dictionnaire des sciences médicales, V° Sourd-muet.) «Il y a, dit-il ailleurs, peu de différence entre l'idiot et le sourd-muet non instruit.» (Note de la page 197 d'un ouvrage de M. Hoffbauer, qui a pour titre Médecine légale relative aux aliénés et aux sourds-muets.) Suivant Seguin, «la surdi-mutité peut, jusqu'à un certain point, être assimilée à l'imbécillité, lorsque le sourd-muet n'a pas reçu une instruction suffisante pour se rendre compte des idées abstraites qui se rattachent aux obligations sociales.» (Annales d'hygiène et de médecine légale, article de M. Seguin.)

continue; car, selon l'art. 489, une personne atteinte de folie peut
être interdite, même lorsque son état présente des intervalles lucides.

La folie est continue ou rémittente ou intermittente. Elle est rémittente, lorsque son intensité se calme; elle est intermittente, lorsque,
à des intervalles réguliers ou irréguliers, le délire disparaît compléte-
ment. Il y a donc cette différence entre la rémission et l'intermission
de la folie, que l'une est un état d'amélioration, tandis que l'autre est
une guérison passagère[1]. Ainsi, Broussais parle, dans son livre De
l'irritation et de la folie, d'une dame ayant depuis trente ans des accès
annuels de folie, qui duraient trois ou quatre mois. Elle en pressen-
tait le retour, et allait ensuite dans une maison de santé. Lorsque
l'accès avait cessé, elle revenait chez elle et jouissait de toute sa raison
jusqu'à l'année suivante.

On entend ordinairement par *intervalle lucide* l'intermission et non
la rémission de la folie. Comme on ne peut juger en un instant si un
intervalle est ou n'est pas tout à fait lucide, il faut, pour qu'il puisse
produire un effet juridique, qu'il soit suffisamment long pour pouvoir être bien constaté.

Toutes les maladies mentales ne permettent pas à l'aliéné de jouir
du bienfait des intervalles lucides. On a reconnu que l'idiotisme n'en

---

1. «Pendant les intervalles lucides et pendant l'intermittence, dit Esquirol,
l'aliéné jouit de la plénitude de sa raison ; il a la conscience des actes qu'il commet ; il n'est pas à craindre qu'il soit nécessairement ramené au délire par la
circonstance la plus légère, la plus fortuite, à moins qu'un nouvel accès n'éclate.
Il est bien différent du monomaniaque qui, paraissant jouir de la plénitude de sa
raison, peut d'un instant à l'autre, pour la moindre impression, devenir le jouet
de l'idée fausse qui le domine. Celui-ci est donc habituellement fou, quoiqu'il
paraisse raisonnable. Rien n'ébranle un aliéné qui est dans un intervalle lucide ;
mais si l'on réveille l'idée dominante d'un monomaniaque, on peut le déterminer
aux actions les plus contraires à ses intérêts et à ceux de la société.» (Note insé-
rée dans un ouvrage de Hoffbauer, qui a pour titre Médecine légale relative
aux aliénés.)

a jamais, et que la démence et surtout la démence sénile en ont très-rarement. Mais il arrive quelquefois que la folie d'un homme change de caractère. «C'est ainsi, dit Pinel, qu'on voit des mélancoliques devenir maniaques, des maniaques tomber dans la démence et l'idiotisme, et des idiots, par une cause accidentelle, retomber dans un accès passager de manie, puis recouvrer entièrement l'usage de la raison.»

Une personne qui est interdite ne peut faire valablement aucun acte pendant ses intervalles lucides. Mais il n'en est pas de même de celui qui, sans être interdit, est placé dans un établissement d'aliénés : il peut faire valablement tous les actes civils, lorsque toutefois il est prouvé qu'il jouissait alors de sa raison. Les actes passés par l'interdit avant son interdiction ne peuvent être annulés, s'il est démontré qu'il n'était pas en état de démence lorsqu'il les a faits. L'étude des intervalles lucides n'est donc pas une vaine étude pour le jurisconsulte, puisque la décision de la question de savoir si une personne jouissait d'un intervalle lucide peut entraîner des conséquences juridiques assez graves.

CHAPITRE II.

De la poursuite de l'interdiction.

———

SECTION PREMIÈRE.

PAR QUELLES PERSONNES L'INTERDICTION PEUT ÊTRE POURSUIVIE.

La demande en interdiction peut être faite par les parents et par l'époux dans tous les cas, et par le ministère public dans certains cas seulement.

«Tout parent est recevable à provoquer l'interdiction de son parent» (C. Nap., art. 490). Ainsi, cette interdiction peut être poursuivie par tout parent paternel ou maternel, héritier ou non héritier présomptif; et un enfant peut demander l'interdiction de son père ou de sa mère. L'interdiction peut même être provoquée par un parent mineur ou interdit; mais, dans ce cas, la demande en interdiction ne peut être faite que par le tuteur du mineur ou de l'interdit [1]. L'époux peut aussi demander l'interdiction de son conjoint, et la séparation de corps ne lui enlève pas cette faculté, car cette séparation ne détruit pas le mariage.

Le ministère public a le droit de poursuivre l'interdiction dans le cas de fureur, si elle n'est provoquée ni par l'époux ni par les parents. Il peut le faire dans le cas d'imbécillité ou de démence contre une personne qui n'a ni conjoint ni parents connus. Mais, dans ce cas, c'est à lui à prouver, autant du moins qu'il lui est possible, que cette condition existe [2].

La loi ne donnant le droit de poursuivre l'interdiction qu'au conjoint, aux parents et au ministère public, il s'en suit que ce droit n'appartient ni aux alliés [3] ni aux amis [4]. Ainsi, le mari ne peut poursuivre

1. Bruxelles, 15 mai 1807, Blagmulder, Sirey, 1807, II, 706; Bruxelles, 3 août 1808, Malphilâtre, Sirey, 15, II, 188; Limoges, 20 janvier 1842, Maublanc, Devilleneuve, 1842, II, 452; Metz, 14 mars 1843, Titeux, Devilleneuve, 1843, II, 524; Duranton, t. III, n° 719; Magnin, t. I, n° 852.

Selon Delvincourt, le tuteur ne peut former de demande en interdiction au nom du mineur ou de l'interdit, que lorsque ceux-ci sont héritiers présomptifs de la personne à interdire. (T. I, p. 130, n° 3.) Je ferai remarquer que le tuteur représente le mineur ou l'interdit dans cette circonstance de même que dans toutes les autres; et comme tout parent mineur ou interdit a le droit de poursuivre l'interdiction de son parent, il s'en suit que le tuteur peut aussi le faire au nom de la personne qu'il représente.

2. Cassation, 7 août 1826, Schirmer, Devilleneuve, 1826, I, 440.

3. Paris, 23 mai 1835, de Sainte-Colombe, Devilleneuve, 1835, II, 345; Metz, 14 mars 1843, Titeux, Devilleneuve, 1843, II, 524; Duranton, t. III, n° 718; Magnin, t. I, n° 850; Toullier, t. II, n° 1317; Proudhon, t. II, p. 520; Ducaurroy, t. I, n° 713.

Selon Delvincourt, l'allié peut provoquer l'interdiction de l'allié, si l'affinité

l'interdiction d'un parent de sa femme, que si celle-ci lui en donne le pouvoir[1] ; et un beau-père ne peut pas provoquer l'interdiction de son gendre, car il n'en est que l'allié. Il faut aussi décider que le donataire de biens à venir n'est pas recevable à demander l'interdiction du donateur, bien que le donataire eût intérêt à le faire, à moins qu'il ne soit conjoint ou parent[2]. Les créanciers ne peuvent de même poursuivre l'interdiction de leur débiteur. Enfin, il est généralement admis qu'une personne ne peut demander sa propre interdiction, parce que, dit-on, on ne peut valablement consentir à une modification de son état personnel, et que la loi ne déroge pas à ce principe en matière d'interdiction[3].

SECTION II.

DE L'INSTRUCTION ET DU JUGEMENT D'INTERDICTION.

Celui qu'on veut faire interdire étant le défendeur, c'est contre lui que la procédure en interdiction doit être dirigée. La demande est portée devant le tribunal de première instance de son domicile, et elle est formée au moyen d'une requête qu'on présente au président du tribunal. Cette requête doit articuler les faits d'imbécillité, de démence ou de fureur, c'est-à-dire qu'elle doit les préciser de telle sorte que l'appréciation en soit facile. Le poursuivant doit aussi y indiquer les témoins et y joindre les pièces justificatives, telles que les lettres

subsiste encore, c'est-à-dire si l'époux qui fait l'alliance ou les enfants issus du mariage vivent encore. (T. I, p. 130, n° 3.)

4. Merlin, Répert. t. VI, V° *Interdiction,* § 4, n° 5.

1. Taulier, t. II, page 103.

2. Riom, 9 janvier 1808, Sirey XIII, II, 308.

5. Delvincourt, t. I, p. 131, note I ; Merlin, Répert. t. VI, V° *Interdiction,* § 5, et t. X, V° *Frodigue,* § 8 ; Duvergier, sur Toullier, t. II, n° 1373, note *a* ; Duranton, t. III, n° 724 ; Valette, sur Proudhon, t. II, p. 521.

du défendeur, les procès-verbaux des officiers de police, etc. [1] Le président ordonne la communication de la requête au ministère public, et commet un juge pour faire le rapport au jour indiqué. Sur le rapport du juge et les conclusions du ministère public, le tribunal ordonne que le conseil de famille donne son avis sur l'état de la personne dont l'interdiction est demandée : car il est prudent de consulter les parents, les amis d'une personne qu'on veut faire interdire, avant de la faire comparaître elle-même. Le tribunal a le droit de rejeter la requête sans consulter la famille, lorsque les faits allégués par la requête ne lui paraissent pas pertinents. Il peut aussi rejeter la requête sans demander l'avis du conseil de famille, si le poursuivant n'a pas qualité pour la présenter.

«Ceux qui auront provoqué l'interdiction ne pourront faire partie du conseil de famille. Cependant l'époux ou l'épouse et les enfants de la personne dont l'interdiction sera provoquée pourront y être admis sans y avoir voix délibérative» (C. Nap., art. 495). Le législateur n'a pas voulu que le poursuivant fût membre du conseil de famille, parce qu'il n'a pas voulu qu'il fût à la fois juge et partie. Il ordonne donc que l'on convoque à sa place le plus proche parent ou allié. Cependant, comme ce conseil a le droit d'employer tous les moyens qu'il juge nécessaires pour s'éclairer, il peut appeler le poursuivant pour donner des renseignements et faire connaître ses motifs. Pour la même raison, ce conseil peut interroger la personne dont on poursuit l'interdiction, et par conséquent la faire venir ou se transporter près d'elle, si elle ne peut ou ne veut se déplacer. Du reste, il est libre d'interroger ou de ne pas interroger le défendeur, car la loi ne le lui ordonne pas, comme elle le fait pour le tribunal. L'époux ou l'épouse

1. Il est hors de doute que le poursuivant peut, pendant le cours de l'instruction et même en appel, alléguer de nouveaux faits, produire de nouveaux témoins et de nouvelles pièces : car la loi ne le lui a pas défendu, et il est juste qu'il puisse éclairer la justice par tous les moyens qui sont en son pouvoir. (Cour de Poitiers, arrêt du 5 août 1831, Deshoulières, Devilleneuve, 1832, II, 205.)

3

et les enfants ont voix délibérative ou seulement consultative dans le conseil de famille appelé à donner son avis sur cette demande, suivant qu'ils ne provoquent pas ou qu'ils provoquent cette interdiction. Lorsqu'ils la provoquent, ils n'ont que voix consultative, afin qu'ils ne soient pas en même temps juges et parties. Lorsqu'ils ne la poursuivent pas, ils y ont voix délibérative. La loi, après avoir dit : «Ceux qui auront provoqué l'interdiction ne pourront faire partie du conseil de famille» ajoute : «Cependant l'époux ou l'épouse et les enfants de la personne dont l'interdiction sera provoquée pourront y être admis sans y avoir voix délibérative.» Le mot *cependant* prouve que la seconde phrase est liée à la première, et que le législateur entend parler dans celle-là du cas où l'époux ou l'épouse et les enfants poursuivent l'interdiction. Le législateur a voulu dire : «Cependant l'époux ou l'épouse et les enfants de la personne dont l'interdiction sera provoquée, et qui auront poursuivi cette interdiction, pourront être admis dans le conseil de famille sans y avoir voix délibérative.» D'où il résulte qu'ils auront voix délibérative, lorsqu'ils ne provoquent pas cette interdiction[1].

L'interrogatoire du défendeur est le premier acte d'instruction qui

1. Cass. 13 mars 1833, Bouillet, Sirey, 1833, I, 257 ; Rouen, 30 nov. 1836, Hersent, Devilleneuve, 1837, II, 179 ; Caen, 29 juillet 1842, David, Journal du Palais, t. I, 1843, p. 46 ; Duranton, t. III, n° 729 ; Marcadé, t. II, art. 495 ; Delvincourt, t. I, p. 130, note 9 ; Proudhon et Valette, t. II, p. 523 ; Duvergier, sur Toullier, t. II, n° 1322, note *a* ; Taulier, t. II, p. 106.

Il est des auteurs qui prétendent que l'époux et les enfants d'une personne, dont on demande l'interdiction, n'ont jamais voix délibérative dans le conseil de famille convoqué dans le but de donner son avis sur cette demande, même lorsqu'ils n'ont pas provoqué cette interdiction ; et la raison de leur opinion est qu'il ne serait pas moral qu'ils délibérassent sur ce sujet. (Toullier, t. II, n° 1322 ; Ducaurroy, t. I, n° 749.) Cependant le législateur, ne jugeant pas immoral que l'époux ou l'épouse et les enfants poursuivent l'interdiction, a dû aussi leur permettre de délibérer dans le conseil de famille sur ce sujet, lorsqu'ils ne la provoquent pas, parce que l'une de ces choses n'est pas plus immorale que l'autre.

suit l'avis du conseil de famille. On signifie au défendeur la requête et l'avis de ce conseil, afin qu'il connaisse d'avance les faits et qu'il puisse présenter ses explications, s'il en est capable. Il est ensuite interrogé dans la chambre du conseil, pour qu'il ne soit pas troublé par la publicité de l'audience. Cet interrogatoire a lieu devant tout le tribunal, afin que chacun de ses membres puisse entendre ses réponses et observer son maintien. Chaque juge a le droit de lui faire des questions par l'organe du président. Lorsque le défendeur ne peut se présenter dans la chambre du conseil à cause de l'état de sa santé ou de son éloignement, il est interrogé dans sa demeure par un juge assisté du greffier. Le procureur impérial doit, dans tous les cas, être présent à l'interrogatoire, car cette matière intéresse l'ordre public[1].

Après le premier interrogatoire, le tribunal doit commettre, s'il y a lieu, un administrateur provisoire, qui prenne soin de la personne et des biens du défendeur. Cette disposition législative est pleine de sagesse, car elle permet aux juges d'examiner avec toute la prudence qui est nécessaire la demande d'interdiction, sans que les lenteurs de l'instruction puissent nuire au défendeur. Et puis il peut arriver que le défendeur, qui reste à la tête de sa fortune pendant la poursuite en interdiction, s'empresse de dissiper ses biens. Mais comme cette

---

1. *Omission.* La loi laisse au juge la faculté d'adresser au défendeur toutes les questions qu'il juge à propos de lui faire. Cependant, comme il ne s'agit pas de rechercher si la personne est plus ou moins savante, mais si elle jouit ou ne jouit pas de sa raison, ce magistrat ne devra pas lui adresser des questions relatives à des matières scientifiques, abstraites ou politiques. Il l'interrogera sur les faits ordinaires de la vie civile, par exemple sur ses habitudes, sur son âge, sur certains actes d'administration. Lorsque le défendeur se trouve dans un tel état de fureur ou de démence, que le tribunal ne puisse en recevoir aucune réponse, il suffit que le défendeur ait été interrogé pour que la loi soit accomplie. (Cass., 4 juillet 1838, Barberoud, Devilleneuve, 1838, II, 654.) Lorsque cette personne a un intervalle lucide au moment de l'interrogatoire, et donne des réponses très-sensées, les juges peuvent l'interroger à plusieurs reprises, afin de s'assurer si elle ne jouit pas habituellement de sa raison.

mesure est assez grave et occasionne des frais, elle ne peut être prise qu'après le premier interrogatoire. La loi n'a pas déterminé quels sont les pouvoirs de l'administrateur provisoire; mais on peut juger d'après son titre même qu'il n'a le droit de faire que les actes d'administration. Comme il n'est pas tuteur, ses biens ne sont pas grevés de l'hypothèque légale, dont sont grevés les biens des tuteurs.

Si le tribunal trouve que les pièces justificatives et l'interrogatoire ne fournissent pas des preuves suffisantes de la folie du défendeur, il peut, après avoir entendu le procureur impérial, ordonner une enquête, lorsque les faits peuvent être prouvés par témoins. Cette enquête se fait en la forme ordinaire. Lorsque les circonstances l'exigent, le tribunal peut décider qu'elle aura lieu en l'absence du défendeur, qui peut dans ce cas être représenté par son avoué.

On porte ensuite la cause à l'audience, et on y appelle le défendeur. S'il a constitué un avoué, le jugement sera contradictoire; s'il n'en a pas constitué, le jugement sera par défaut. Le jugement contradictoire ou par défaut doit être prononcé à l'audience après les conclusions du ministère public.

Si les juges pensent que le défendeur n'est pas incapable de gouverner sa personne et d'administrer ses biens, ils le renvoient des fins de la demande. Ils condamnent les poursuivants aux dépens et peuvent même les condamner à des dommages-intérêts, s'il est prouvé qu'ils ont agi par intérêt ou sous l'influence d'une mauvaise passion [1].

Si les juges sont d'avis que le défendeur est en état de folie, ils l'interdisent, et c'est lui qui paie les dépens.

Lorsque les juges estiment que le défendeur, sans être en état de folie, est cependant incapable de gouverner sa fortune, ils lui nomment un conseil, sans l'assistance duquel il ne peut dorénavant plaider, transiger, emprunter, recevoir un capital mobilier ni en donner décharge, aliéner ni grever ses biens d'hypothèques. Dans ces cas, les poursuivants ne sont pas condamnés aux dépens.

1. Toullier, t. I, n° 1323 ; Duranton, t. III, n° 743.

La question de savoir si une personne est privée de raison est surtout une question de fait, et les tribunaux et les cours d'appel prononcent à cet égard comme un jury[1]. Ce n'est pas que les magistrats
ne puissent s'éclairer des enseignements de la science et en faire un
judicieux emploi dans l'examen des faits qui leur sont soumis; mais
ils doivent éviter l'abus qui pourrait en résulter. Il faut considérer
attentivement quel est l'état mental de cette personne, en juger d'après
ses réponses, d'après ses antécédents et les dépositions des témoins,
rechercher si cette personne entend encore assez bien les affaires ordinaires de la vie civile, etc. Le tribunal doit faire dans cet examen
le même usage des enseignements de la médecine et de la philosophie
que fait un juge intègre et judicieux de la théorie des preuves et des
présomptions, et vérifier avec circonspection les dépositions des témoins; car la multitude se laisse assez facilement tromper, et confond
quelquefois la folie avec certaines opinions ou habitudes qui sont ou
paraissent être excentriques. C'est ainsi que Démocrite était considéré
par ses concitoyens comme un homme privé de raison, tandis qu'Hip-
pocrate, appelé à le guérir, trouva qu'il était un sage.

On peut interjeter appel du jugement. Lorsque l'interdiction est
prononcée, l'appel ne peut être formé que par le défendeur, et il est
dirigé contre le provoquant. Lorsque le jugement a renvoyé purement
et simplement le défendeur, l'appel peut être interjeté par le poursuivant ou par l'un des membres du conseil de famille, et il est dirigé
contre la personne dont on demande l'interdiction. Si le jugement a
nommé un conseil au défendeur, l'appel peut être formé par ce dernier contre le poursuivant, ou par le poursuivant ou par l'un des
membres du conseil de famille contre le défendeur. Lorsque ce n'est
pas le ministère public qui a formé la demande en interdiction, il ne
peut interjeter appel, car il n'est pas alors partie.

La cour peut interroger de nouveau ou faire interroger par un

1. Cass., 6 décembre 1831, Ploeuc, Devilleneuve, 1831, I, 368.

commissaire la personne dont on demande l'interdiction. Mais il n'est pas nécessaire que ce commissaire soit pris dans son sein. La cour peut même ordonner une nouvelle enquête. L'arrêt qu'elle rend confirme ou réforme le jugement du tribunal de première instance. Lorsqu'elle réforme ce jugement, ou elle annule l'interdiction qu'il avait ordonnée, ou elle prononce l'interdiction qu'il avait rejetée, ou elle renvoie des fins de la demande le défendeur auquel le jugement avait nommé un conseil judiciaire, ou elle nomme un conseil au défendeur que le jugement avait renvoyé purement et simplement, ou qu'il avait interdit.

Comme l'interdiction produit une incapacité personnelle, il faut que les tiers en soient avertis ; et comme cette incapacité date du jour du jugement, il est nécessaire que cet avertissement leur soit donné le plus tôt possible. C'est pour cette raison que l'art. 501 du Code Napoléon dit : «Tout arrêt ou jugement portant interdiction ou nomination d'un conseil sera, à la diligence des demandeurs, levé, signifié à partie, et inscrit, dans les dix jours, sur les tableaux qui doivent être affichés dans la salle de l'auditoire et dans les études des notaires de l'arrondissement.»

CHAPITRE III.

De la tutelle des interdits.

PREMIÈRE SECTION.

DE L'ORGANISATION DE CETTE TUTELLE.

Tandis que la tutelle des mineurs est naturelle, testamentaire, légitime ou dative, la tutelle des interdits est toujours dative, c'est-à-dire déférée par le conseil de famille. Cela résulte de l'art. 505 du Code Napoléon, qui dit «qu'il sera pourvu à la nomination d'un tuteur et d'un subrogé-tuteur à l'interdit». Le père, la mère et les ascendants ne sont donc pas tuteurs légitimes de l'interdit[1], et le père et la mère ne peuvent pas nommer de tuteur par testament[2]. Le conseil de famille peut, il est vrai, leur confier cette tutelle, mais il a le droit de nommer tutrice une autre personne, s'il le juge à propos. Dans le cas où un mineur serait interdit, le tuteur conserverait cette tutelle tant que durerait la minorité[3], s'il n'y avait aucune raison suffisante pour la lui ôter.

Le mari est de plein droit le tuteur de sa femme interdite, et cette tutelle est une conséquence de la puissance maritale. La femme peut aussi être tutrice de l'époux interdit, et la tutelle des interdits diffère en cela de la tutelle des mineurs; car la mère et les ascendantes sont les seules femmes qui puissent être tutrices du mineur. Cependant l'épouse n'est pas de plein droit tutrice de son mari : elle ne le devient que par la nomination du conseil de famille; car il arrive quelquefois qu'elle soit d'un caractère léger ou que ses mœurs ne soient pas régulières[4]. Le conseil de famille a même la faculté, lorsqu'il nomme la femme tutrice, de régler la forme et les conditions de l'administration. La mère et les ascendantes peuvent aussi être tutrices de l'interdit; car la loi qui assimile la tutelle des interdits à la tutelle des mineurs en toutes choses auxquelles elle n'a pas spécialement dérogé, dit que la mère et les ascendantes ont le droit d'être tutrices du mineur, et ne le leur a pas défendu d'être tutrices de l'interdit. Enfin, celui qui a provoqué l'interdiction et le descendant de l'interdit peuvent être tuteurs, la loi ne les ayant pas déclarés incapables.

1. Bordeaux, 15 germinal an XIII, Fournier, Sirey, 5, II, 107 ; Metz, 16 février 1812, Bruyère, Sirey, 1812, II, 389 ; Poitiers, 23 février 1825, Chartier, Devilleneuve, 1825, II, 140.

2. Cass., 11 mars 1812, Leprevost, Sirey, 1812, I, 217 ; Paris, 1er mai 1813, mêmes parties, Sirey, 1813, II, 193 ; Merlin, Répert., t. XIV, V° *Tutelle*, sect. II, § 1, n° 8 ; Toullier, t. II, n° 1336 ; Marcadé, art. 506 ; Demaute, Programme, t. I, n° 502 ; Duranton, t. III, n° 751 ; Chardon, n° 230.

3. Proudhon, t. II, page 546.

4. Cass., 27 novembre 1816, Dévilliers, Sirey, 1817, I, 33.

Comme le législateur a assimilé la tutelle des interdits à la tutelle des mineurs, il s'en suit que les règles de la tutelle des mineurs relatives à la composition, à la convocation et aux délibérations du conseil de famille, au subrogé-tuteur et aux causes d'incapacité, d'exclusion, d'excuses et de destitution des tuteurs sont applicables à la tutelle des interdits.

SECTION II.

DE L'ADMINISTRATION DE LA TUTELLE DES INTERDITS.

Les règles de l'administration de la tutelle des interdits sont en général les mêmes que celles de l'administration de la tutelle des mineurs. Ainsi, le tuteur est le représentant de l'interdit dans tous les actes civils; il doit soigner sa personne et prendre les mesures qui peuvent être nécessaires ou utiles; son domicile devient celui de l'interdit. Le conseil de famille a le droit de lui donner des instructions qu'il sera obligé de suivre, et décider par exemple que l'interdit sera traité dans son domicile ou qu'il sera placé dans une maison de santé. Dans le règlement que ce conseil doit faire conformément à l'art. 454 du Code Napoléon, pour fixer la somme à laquelle pourra s'élever la dépense annuelle de l'interdit et celle de l'administration de ses biens, ce conseil doit se rappeler que «les revenus d'un interdit doivent être essentiellement employés à adoucir son sort et à accélérer sa guérison» (art. 510). Car il s'agit surtout d'obtenir la guérison du malade, et il ne faut pas même épargner à cet effet les dépenses de pur agrément.

«Lorsqu'il sera question du mariage de l'enfant d'un interdit, la dot ou l'avancement d'hoirie et les autres conventions matrimoniales seront réglées par un avis du conseil de famille, homologué par le tribunal, sur les conclusions du ministère public» (art. 511). Il était conforme à l'intérêt des familles de donner aux représentants de l'interdit le droit de faire ce qu'il aurait probablement fait lui-même, s'il n'avait pas perdu l'exercice de sa raison. Du reste, l'autorisation du conseil de famille et l'homologation du tribunal après les conclusions du ministère public offrent assez de garanties pour prévenir les abus. L'article qui précède n'est pas seulement applicable au cas d'un établissement par mariage, mais encore au cas d'un établissement quelconque. Car ce n'est pas seulement pour un établissement par mariage, mais pour un établissement quelconque, par exemple pour procurer à leurs enfants une étude de notaire ou un fonds de commerce, que le père et la mère leur donnent une partie de leurs biens[1].

Le conseil de famille règle aussi les autres conventions matrimoniales de l'enfant de l'interdit. Mais si l'enfant est majeur et qu'il apporte en mariage ses propres biens, il n'est pas nécessaire que ce conseil autorise cette convention. S'il est mineur, il a besoin, pour la faire, de l'assistance des personnes dont il lui faut le consentement pour se marier. Il a donc besoin du consentement de celui de ses père et mère qui n'est pas interdit et, à son défaut, du consentement de ses ascendants; et, à défaut d'ascendants, du consentement de son conseil de famille. Ce conseil sera composé d'autres parents que le conseil de famille du père ou de la mère. Car le conseil de l'enfant sera composé de parents ou d'alliés paternels et maternels, tandis que le conseil du père ou de la mère ne sera formé à l'égard de l'enfant que de parents ou d'alliés d'une seule ligne.

Après ces notions générales sur l'administration de la tutelle des interdits, je vais présenter quelques observations spéciales pour le cas où l'interdit est marié.

Le mari, qui est le tuteur de sa femme interdite, conserve sur la

---

1. Amiens, 6 août 1824, Ducrouy-Chambly, Sirey, 1826, II, 175; Bordeaux, 6 juin 1842, Brizard, Devilleneuve, 1842, II, 485; Marcadé, t. II, art. 511; Valette, sur Proudhon, t. II, p. 552; Duvergier, sur Toullier, t. II, n° 1342, note *a*.

Selon certains auteurs il faut restreindre l'art. 511 au cas de l'établissement par mariage de l'enfant de l'interdit. (Chardon, Puiss. tutél., n° 337; Magnin, t. I, n° 889.)

personne et les biens de celle-ci les droits qui dérivent de la puissance maritale et des conventions matrimoniales. Ainsi, il peut décider si la femme sera soignée dans sa demeure ou si elle sera placée dans une maison de santé[1]. Mais s'il maltraitait sa femme ou s'il la soignait mal, le conseil de famille, convoqué à la réquisition du subrogé-tuteur ou de l'un de ses membres, pourrait le destituer, ou du moins ordonner des mesures qu'il serait tenu de suivre.

Le mari reste le chef de la communauté après l'interdiction de sa femme. Il s'en suit qu'il n'est pas obligé de faire inventaire des biens de la communauté, qu'il a le droit de les aliéner seul comme auparavant, et qu'il peut doter un enfant commun en biens de la communauté sans être tenu de recourir aux formalités prescrites par l'art. 511 du Code Napoléon. Il n'administre pas les biens de la communauté comme tuteur, mais comme mari, c'est-à-dire comme chef de la communauté. Il n'en est pas de même des biens de la femme, dont il n'a pas l'administration en vertu du contrat de mariage. Il doit en faire inventaire; et s'il met ces biens en péril, on peut demander la séparation de biens au nom de la femme: car l'interdiction de celle-ci ne donne pas au mari le droit de la ruiner[2].

Lorsque la femme est nommée par le conseil de famille tutrice de son mari, ce conseil a le droit de régler la forme et les conditions de l'administration. «Le conseil de famille a deux opérations à faire; il doit, d'un côté, déterminer quels droits les conventions matrimoniales donnent à la femme; quels droits elles laissent au mari. Le conseil doit ensuite expliquer comment et dans quelle étendue les droits reconnus appartenir au mari seront exercés par la femme; car il pourrait n'être pas prudent de lui donner tout le pouvoir qu'a le tuteur. Il est possible aussi que, suivant la forme qu'a le patrimoine du mari, il faille établir des règles particulières d'administration, comme lors-

---

1. Duranton, t. III, n° 762.
2. Duranton, t. III, n° 750.

que ce patrimoine se compose, en tout ou en partie, de manufactures, d'établissements de commerce, etc. [1]»

L'épouse nommée tutrice de son mari est chargée du soin de sa personne et de la gestion de ses biens. Ses pouvoirs sont moins étendus que ceux du mari tuteur sur sa femme : car la femme n'a sur son époux que les droits, qui résultent de la tutelle, tandis que le mari joint à ces droits la puissance maritale. Comme la femme tutrice n'a, par l'effet de cette tutelle, sur les biens de son mari et sur ceux de la communauté d'autres pouvoirs que ceux qui dérivent de cette tutelle, il s'en suit qu'elle doit faire inventaire des biens du mari et de ceux de la communauté. Car, bien qu'elle soit copropriétaire des biens de la communauté, tant qu'elle dure, elle n'en prend cependant l'administration qu'au nom du mari, et par conséquent comme tutrice. Si l'administration de ses biens personnels appartenait au mari d'après les conventions matrimoniales, ce n'est qu'en qualité de tutrice qu'elle a le droit de les administrer. Lorsque l'administration de ces biens appartenait au contraire à la femme avant l'interdiction du mari, la femme conserve après cette interdiction le droit de les administrer en son nom et d'en jouir.

La garde et la direction des enfants passent à la mère tutrice de son mari en vertu de la puissance paternelle, et non en vertu de sa qualité de tutrice. Le conseil de famille ne pourrait donc pas restreindre ses droits sous ce rapport. Cependant ce conseil a le droit de régler dans cette tutelle, comme dans toutes les autres, la somme à laquelle peuvent s'élever les dépenses annuelles, lorsque ces dépenses sont faites avec les revenus des biens personnels du mari ou avec les revenus des biens de la communauté.

Quand un tiers est nommé tuteur du mari interdit, le tuteur est chargé d'administrer les biens personnels du mari, les biens de la communauté et les biens personnels de la femme, dont le mari avait

1. Locré, Esprit du Code civil.

l'administration en vertu du contrat de mariage. Comme le tuteur du mari n'exerce pas la puissance maritale, et n'a par conséquent aucun pouvoir sur la personne de la femme, celle-ci devra s'adresser à la justice, lorsqu'une autorisation lui sera nécessaire. De même le tuteur du mari n'exerce pas sur les enfants la puissance paternelle, qui appartient alors à la femme seule.

Quand un tiers est tuteur de la femme interdite, il est chargé de veiller au soin de sa personne et d'administrer les biens dont elle s'était réservé l'administration avant son interdiction. Le mari ne perd pas la puissance maritale, et il conserve aussi l'administration des biens personnels de la femme, dont il avait auparavant la jouissance. Lorsque des discussions s'élèvent entre le mari et le tuteur sur la question de savoir par exemple si la femme sera placée dans une maison de santé, le conseil de famille peut intervenir entre ces deux autorités pour décider ce qu'il convient le mieux de faire.

CHAPITRE IV.

Des actes de l'interdit.

SECTION PREMIÈRE.
SI L'INTERDIT PEUT FAIRE VALABLEMENT CERTAINS ACTES.

«L'interdiction ou la nomination d'un conseil aura son effet du jour du jugement. Tous actes passés postérieurement par l'interdit, ou sans l'assistance du conseil, seront nuls de droit» (C. Nap., art. 502). L'interdit ne peut donc exercer ni les droits dont l'exercice est séparable de la jouissance [1], tels que le droit d'administrer sa fortune, ni

---

1. Selon M. Demolombe, l'interdit peut exercer dans ses intervalles lucides les droits dont l'exercice est essentiellement personnel, mais il ne peut exercer les droits dont l'exercice est séparable de la jouissance. Ainsi «l'interdit peut, sans

les droits dont l'exercice est essentiellement personnel, tels que les droits de se marier, de reconnaître un enfant naturel, d'adopter et de tester. Car il faut être sain d'esprit pour faire un testament, de même que pour faire un louage ou un achat, et le législateur, en supposant que l'interdit est incapable de passer ces derniers actes, a dû aussi présumer qu'il est incapable de faire un testament. Que si l'on allègue que l'interdit recouvre dans les intervalles lucides la plénitude de sa raison, je fais observer que le législateur, ayant déclaré que l'interdiction durerait pendant les intervalles lucides, ne lui a pas accordé plus de droits pendant qu'il jouit de sa raison que lorsqu'il en est privé. Et si l'on prétend que, selon le Droit romain, la personne qui n'était pas saine d'esprit pouvait exercer ses droits dans ses intervalles lucides; que notre ancienne jurisprudence avait aussi accordé à l'interdit certains droits pendant qu'il jouissait de sa raison [1]; que cette doctrine enfin est conforme au bon sens, à l'humanité, je ne le nie pas, mais je réponds que tel n'est pas le système du Code Napoléon, et qu'il ne s'agit pas d'examiner ce que le législateur aurait dû vouloir, mais ce qu'il a voulu.

aucune condition ni formalité de ce genre, contracter valablement mariage pendant un intervalle lucide.» Cet auteur dit plus loin que l'interdit peut tester, mais qu'il n'a pas le droit de faire une donation entre-vifs. Il ajoute enfin : «Est-il possible que la loi, qui lui permet de se marier, ne lui permette pas de faire des donations par contrat de mariage, et même de consentir des conventions matrimoniales? Je réponds assurément tout le premier : Non cela n'est pas possible.» (T. VIII, pages 419, 420, 430 et 431.)

Suivant Favard, un interdit peut reconnaître un enfant naturel, mais ne peut tester pendant un intervalle lucide. (Répert., V° *Reconnaissance d'enfants naturels,* sect. 1, § 1, n° 3.)

Duranton dit que le mariage contracté par l'interdit, pendant son interdiction, peut être annulé dans le délai fixé par l'art. 1304. (T. II, n°ˢ 27, 53.)

Marcadé est d'un autre avis : il pense que le mariage contracté par l'interdit, pendant son interdiction, est non existant. (T. I, page 456.)

1. «S'il a des moments où il revienne à lui, dit Meslé, il pourra, dans ces moments, se marier.» (Partie II, chap. XIII, p. 476.)

On objecte qu'il ne faut pas s'en tenir aux termes de l'art. 502, selon lesquels tous les actes passés par l'interdit après le jugement d'interdiction sont nuls; que l'art. 450 du Code Napoléon dit aussi que «le tuteur prendra soin de la personne du mineur et le représentera dans tous les actes civils»; que cependant le mineur peut se marier et tester, ce qui prouve que l'art. 450 ne s'applique pas à tous les actes civils; que de même l'art. 502 ne comprend pas tous les actes civils, et que l'interdit peut se marier, tester, etc.: car l'interdit est assimilé au mineur pour sa personne et ses biens [1]. Je réponds que la rédaction des deux articles 450 et 502 n'est pas la même. Selon l'art. 450, le mineur sera représenté dans tous les actes civils. D'où il suit qu'il ne sera pas représenté dans les actes où l'on ne peut l'être, comme dans les cas de mariage ou d'adoption. L'art. 502 dit au contraire que tous les actes passés par l'interdit seront nuls, et ne comprend pas moins les actes dans lesquels on peut être représenté que ceux où l'on ne peut l'être. Que si l'on soutient que ce dernier article n'est pas applicable, parce que l'art. 509 dit que «l'interdit est assimilé au mineur pour sa personne et ses biens», je ferai remarquer que de deux articles contraires c'est celui dont la teneur est la plus spéciale qui doit faire la loi, et que l'art. 502 est plus spécial que l'art. 509. Et puis il est des textes qui disent formellement que le mineur peut se marier, tester, être tuteur de ses enfants, faire, avec l'assistance des personnes qui doivent consentir à son mariage, des donations par son contrat de mariage; tandis qu'aucun texte de loi ne dit que l'interdit puisse se marier, tester, adopter une personne et reconnaître un enfant naturel. Enfin le législateur, en supposant que l'interdit est privé de raison pendant toute la durée de l'interdiction, a créé une présomption légale, contre laquelle la preuve contraire n'est point admise [2].

---

1. Demolombe, t. VIII, page 425.
2. Code Napoléon, art. 1352.

L'article 1304, en disant que le délai de dix ans qui est accordé pour faire annuler une convention ne court, à l'égard des actes faits par les interdits, que du jour où l'interdiction est levée, déclare par là que ces actes sont annulables. L'art. 502 est donc mal rédigé : car selon cet article ces actes sont nuls de droit, ce qui pourrait faire supposer qu'ils sont non-existants, parce que l'expression nuls de droit est synonime des mots non-existants. Le législateur a probablement voulu faire entendre qu'il suffisait qu'un homme fût interdit, pour que la nullité des actes qu'il a passés pendant son interdiction pût être prononcée ; tandis que les actes du mineur ne peuvent être annulés que dans le cas de lésion.

SECTION II.

DES ACTES PASSÉS PAR L'INTERDIT AVANT LE JUGEMENT D'INTERDICTION.

La cause qui a motivé l'interdiction ne vient pas du jugement qui prononce l'interdiction. Cette cause a précédé ce jugement, qui ne fait que la constater. Comme les actes passés par l'interdit antérieurement peuvent l'avoir été lorsqu'il jouissait de sa raison ou lorsqu'il était en état de démence, la loi laisse au magistrat la faculté de les maintenir ou de les annuler. «Les actes antérieurs à l'interdiction, dit l'art. 503, pourront être annulés, si la cause de l'interdiction existait notoirement à l'époque où ces actes ont été faits [1].» Il faut donc, pour que les actes antérieurs à l'interdiction puissent être annulés, que l'interdiction ait été prononcée, que la cause de l'interdiction ait déjà existé à l'époque où ces actes ont été faits, et que cette cause ait été notoire. La présomption légale, que l'interdit est en démence et par conséquent incapable d'agir après son interdiction, est une conséquence du jugement d'interdiction et ne peut être détruite par la

---

1. L'ancien Droit français avait déjà admis cette disposition (ancien Denizart, Vᵒ *Interdiction*, nᵒ 27).

preuve contraire; tandis que la présomption, que l'interdit était incapable d'agir avant son interdiction, bien qu'elle soit aussi une conséquence du jugement d'interdiction, n'existe cependant que s'il est notoire que l'interdit était alors privé de raison. Cette dernière présomption repose donc sur un ensemble de preuves, contre lesquelles la preuve contraire est admissible, et peut par conséquent être détruite par la preuve certaine du contraire. Par exemple, Pierre, qui est aliéné et considéré publiquement comme tel, jouit durant quelque temps d'un intervalle lucide, et passe pendant cet intervalle des contrats de louage. Ces contrats sont faits en présence d'un médecin et d'autres personnes capables de juger si Pierre jouit effectivement de sa raison, et ces contrats n'offrent aucun indice de folie. Il est de notoriété publique que Pierre était aliéné, mais il peut être prouvé d'une manière certaine qu'il jouissait d'un intervalle lucide lorsqu'il a passé ces actes. Ces contrats ne devront pas être annulés, si l'on prononce plus tard l'interdiction de Pierre. Car la loi n'a pas entendu que la notoriété publique dût avoir plus de force que le témoignage de personnes ayant pu vérifier l'état de l'insensé, le témoignage de ces personnes étant une preuve plus certaine que le témoignage public. Du reste, il suffit, lorsque la preuve du contraire n'est point faite, qu'il soit notoire que l'interdit était privé de raison au moment où il a passé certains actes avant le jugement d'interdiction, pour que ces actes puissent être annulés. Car l'art. 503 le dit formellement.

Le juge qui vérifie le fait de la notoriété peut régler sa décision d'après les présomptions suivantes. Il peut examiner le lieu où l'acte a été passé, et le caractère de la maladie mentale qui a motivé l'interdiction. Ainsi la notoriété est plus supposable dans un village que dans une grande ville; et il faut plutôt présumer que l'interdit était privé de raison, si sa folie est continue que si elle est intermittente. On peut aussi considérer la bonne foi plus ou moins probable du tiers qui a contracté, et la date de l'acte. Ainsi, lorsqu'il est prouvé que le tiers a usé de dol pour faire signer à l'aliéné des actes qui lui portent préjudice, ces actes doivent être annulés. Quant à la date de l'acte, l'interdit qui l'a passé est d'autant moins présumé avoir été privé de raison au moment où il l'a fait, que cet acte est plus ancien : car il faut supposer dans le doute que si l'interdit était depuis longtemps en état de folie, son interdiction aurait été depuis longtemps provoquée[1].

Les actes faits par une personne pourvue d'un conseil judiciaire antérieurement à la nomination de ce conseil ne peuvent être annulés, s'il est notoire que la cause qui a motivé cette nomination existait déjà à l'époque où ces actes ont été faits[2]. Car la loi ne parle que des actes antérieurs à l'interdiction, et on ne doit pas en règle générale étendre, dans l'interprétation législative, les lois qui prononcent des nullités.

SECTION III.

DES ACTES PASSÉS PAR UNE PERSONNE NON INTERDITE ET ACTUELLEMENT DÉCÉDÉE.

«Après la mort d'un individu, les actes par lui faits ne pourront être attaqués pour cause de démence, qu'autant que son interdiction aurait été prononcée ou provoquée avant son décès; à moins que la preuve de la démence ne résulte de l'acte même qui est attaqué[3]»

---

1. Nos anciens jurisconsultes enseignaient aussi que le juge doit surtout considérer la date de l'acte. (Denizart, V° *Interdiction*, n° 27.)

2. Orléans, 25 août 1837, Gerberon, Devilleneuve, 1837, II, 146; Pothier, Traité des oblig., n° 51; Duranton, t. III, n° 784; Toullier, t. II, n° 1383; Valette, sur Proudhon, t. II, page 570.

3. Cet article, en disant «qu'autant que son interdiction aurait été prononcée ou provoquée avant son décès,» n'entend pas que les actes passés par une personne dont l'interdiction a été prononcée et puis levée, puissent être attaqués pour cause de démence. Car cette personne n'était plus censée privée de raison depuis la main-levée de son interdiction jusqu'à sa mort, la présomption de folie étant l'effet de l'interdiction et ayant cessé avec elle.

5

(C. Nap., art. 504). Lorsqu'une personne qui n'est pas interdite vient à mourir, elle est censée avoir été saine d'esprit jusqu'au moment de sa mort, à moins que le contraire ne soit démontré par une preuve ou par une présomption suffisante et admise par la loi [1]. Le législateur suppose qu'une personne est morte en état d'aliénation, lorsqu'elle a été interdite et qu'elle meurt avant que son interdiction ait été levée. Il paraît que la loi considère aussi que le simple fait de la provocation de l'interdiction établit une présomption suffisante de la folie, puisqu'elle dit qu'il suffit que l'interdiction ait été provoquée avant le décès pour que les actes puissent être attaqués. Le législateur suppose probablement que ce n'est pas sans raison que la poursuite de l'interdiction, qui jette de la déconsidération non-seulement sur la personne qui en est l'objet, mais encore sur sa famille, a été intentée par l'époux ou par un parent ou par le ministère pulic en cas de fureur; et qu'il faut juger, dans le doute si cette personne était ou n'était pas privée de raison, que ses actes doivent pouvoir être attaqués comme si elle avait déjà été déclarée en état de démence par un jugement [2]. Mais la présomption de folie cesse, lorsque la demande en interdiction a été rejetée; car dans ce cas cette demande est regardée

1. L'ancienne jurisprudence française admettait très-difficilement la preuve que les actes faits par une personne morte en possession de son état pouvaient être annulés pour cause de démence. (Ancien Denizart, t. III, V° *Interdiction*, n° 25.)

2. On ne peut pas dire que le seul motif de l'art. 504 soit que le juge ne peut vérifier, après le décès d'une personne, si elle était effectivement en état de démence. Si cela était, cet article ne permettrait pas d'annuler les actes de cette personne dans le cas où son interdiction aurait été seulement provoquée.

On ne peut aussi prétendre que le seul motif de l'art. 504 soit de punir les personnes qui n'ont pas fait prononcer ou qui n'ont pas provoqué avant son décès l'interdiction de celui dont on attaque les actes. Car il en résulterait cette conséquence, que ceux qui n'ont pas le droit de provoquer l'interdiction d'une personne, tels que ses légataires ou ses créanciers qui ne seraient ni parents ni époux, ne seraient pas soumis à la peine infligée par cet article. Ils pourraient par con-

comme non avenue. Il faudrait de même considérer la provocation en interdiction comme nulle, si le demandeur s'était désisté [1], ou si cette provocation avait été l'effet du dol. La preuve de la démence d'une personne peut encore résulter de l'acte qui est attaqué, par exemple s'il contient quelque stipulation évidemment extravagante.

Il est généralement admis que l'art. 504 du Code Napoléon ne s'applique pas aux donations entre-vifs et aux testaments, que ces actes peuvent être annulés après le décès de celui qui les a faits, même si son interdiction n'a été prononcée ni provoquée avant sa mort, pourvu qu'il soit prouvé que cette personne était en état de démence au moment où elle les a faits [2]: car, dit-on, selon l'art. 901 il faut être sain d'esprit pour pouvoir disposer à titre gratuit; et bien qu'il faille en règle générale être sain d'esprit pour faire valablement toute espèce d'actes, cependant l'art. 901 est spécial aux dispositions à titre gratuit, et n'est pas modifié dans ses conséquences par l'art. 504.

CHAPITRE V.

De la cessation de l'interdiction.

«L'interdiction cesse avec les causes qui l'ont déterminée; néanmoins la main-levée ne sera prononcée qu'en observant les formalités prescrites pour parvenir à l'interdiction, et l'interdit ne pourra re-

---

séquent attaquer les actes de cette personne après son décès, bien que son interdiction n'ait été ni prononcée ni provoquée après sa mort.

1. Caen, deuxième chambre, 27 juillet 1822, Levillain; Duranton, t. III, n° 786; Toullier, t. II, n° 1365.

2. Besançon, 19 décembre 1810, Vielle, Sirey, 1811, II, 351; Colmar, 17 juin 1812, Jæger, Sirey, 1813, II, 43; Cass., 26 mai 1822, hospice de Mâcon, Sirey, 1822, I, 349; Cass., 22 novembre 1827, Regnault, Sirey, 1828, I, 187; Merlin, Répert., V° *Testament*, sect. 1, art. 1, n°s 1 et 2; Toullier, t. V, n° 56; Duranton, t. III, n° 787; Marcadé, t. II, n° 244; Coin-Delisle, art. 902, n° 9; Valette, sur Proudhon, t. II, p. 543.

prendre l'exercice de ces droits qu'après le jugement de main-levée» (C. Nap., art. 512). L'interdiction doit donc cesser lorsque l'interdit n'est plus dans un état habituel de folie.

La demande en main-levée d'un jugement d'interdiction peut être faite par les personnes qui ont le droit de poursuivre l'interdiction [1]. Car la loi, n'ayant pas déterminé quelles personnes ont ce droit, il faut décider dans le doute que le législateur a voulu commettre le soin de faire prononcer la main-levée à ceux qu'il a chargés du soin de faire prononcer l'interdiction. L'interdit peut donc s'adresser, pour faire demander la main-levée, à son époux, à un de ses parents et au ministère public. L'interdit peut s'adresser au ministère public, parce que ce dernier a reçu de la loi le mandat de veiller aux intérêts des interdits et des autres personnes qui ne peuvent se défendre elles-mêmes. Il peut arriver, en effet, que l'interdiction continue de subsister, même lorsque l'interdit a recouvré depuis longtemps la plénitude de sa raison. Il est donc juste que celui-ci puisse recourir au procureur impérial, parce que l'homme a le droit de réclamer contre une atteinte portée à sa liberté, et que cette faculté, qui est de droit naturel, n'a pas été enlevée à l'interdit par la loi. Mais je ne pense pas que l'interdit puisse demander directement à la justice la main-levée; comme il est censé privé de raison pendant toute la durée de son interdiction, ses actes et par conséquent sa demande sont aussi

---

1. Selon M. Demolombe, «l'individu de l'interdiction duquel il s'agit nous paraît, dans le système adopté par les rédacteurs du Code civil, devoir toujours être partie dans toute instance de ce genre; défendeur, s'il s'agit de provoquer son interdiction; et par conséquent aussi demandeur, s'il s'agit de la faire lever.» (T. VIII, page 460.) Il est vrai que la personne, dont on poursuit l'interdiction, peut être défenderesse, car elle est présumée sensée tant qu'elle n'est pas interdite. Mais il ne s'en suit pas qu'elle puisse être demanderesse, lorsqu'il s'agit de faire lever son interdiction, parce qu'elle est censée privée de raison pendant la durée de son interdiction, et qu'il faut être présumé sain d'esprit pour pouvoir ester en justice.

présumés insensés. Le tuteur peut aussi demander la main-levée, car il est le défenseur légitime des droits de l'interdit.

Les formalités qu'il faut suivre pour obtenir la main-levée sont les mêmes que celles que l'on observe pour faire prononcer l'interdiction. Il faut donc qu'il y ait : requête adressée au président du tribunal, communication de cette requête au ministère public et nomination d'un rapporteur, rapport du juge commis, conclusions du ministère public et avis du conseil de famille sur l'état de l'interdit. La requête et l'avis du conseil de famille devront être signifiés au tuteur de l'interdit. Car l'interdit, étant présumé privé de raison pendant la durée de son interdiction, est censé incapable de comprendre la requête et par conséquent de recevoir cette signification. Cette signification sera donc faite à son tuteur, qui représente sa personne en justice. Le tuteur, en recevant la copie de la demande en main-levée, trouvera que cette demande est ou n'est pas fondée. S'il ne l'approuve pas, il a le droit de s'y opposer. Car la loi, en le chargeant de veiller aux intérêts de l'interdit, lui a donné le droit de s'opposer à la main-levée, si elle est au contraire à ces intérêts. Le tribunal interroge ensuite l'interdit dans la chambre du conseil, et prononce le jugement en audience publique. Ce jugement sera même prononcé par les cours en audience solennelle, car il s'agit d'une question d'état [1].

Ce n'est que par le jugement de main-levée que l'interdit recouvre l'exercice de ses droits. De même que le tuteur du mineur doit rendre ses comptes, lorsque le mineur a atteint sa majorité ou obtenu son émancipation, le tuteur de l'interdit doit rendre les siens après la main-levée de l'interdiction : car les lois sur la tutelle des mineurs sont applicables à la tutelle des interdits en toutes choses auxquelles la loi n'a pas spécialement dérogé.

1. Cass., 14 mars, Chevalier, et 20 août 1856, Vasseur, Devilleneuve, 1856, I, 170 et 800 ; Cass., 12 juin 1859, Brindejonc, Devilleneuve, 1859, I, 600 ; Cass., 23 juillet 1845, Azuni, Devilleneuve, 1845, I, 784.

La tutelle de l'interdit cesse, lorsqu'il reprend l'exercice de ses droits par la main-levée de l'interdiction. Il est encore une autre cause d'extinction de cette tutelle. Selon l'art. 508 du Code Napoléon, «nul, à l'exception des époux, des ascendants et descendants, ne sera tenu de conserver la tutelle d'un interdit au delà de dix ans; à l'expiration de ce délai, le tuteur pourra demander et devra obtenir son remplacement.» La raison de cette différence entre la tutelle des mineurs et celle des interdits est que la tutelle des mineurs a un terme certain, tandis que la tutelle des interdits, pouvant se prolonger pendant toute la durée de la vie de l'interdit, deviendrait une charge trop pénible pour le tuteur. Néanmoins les époux, les ascendants et les descendants sont tenus de conserver la tutelle de l'interdit même au delà de dix ans, parce que cette charge est pour eux un devoir de famille. Mais ils sont admis à proposer les excuses déterminées par l'art. 427 et les suivants, car elles peuvent, selon le droit commun, être proposées par tous les tuteurs.

SECONDE PARTIE.

Du conseil judiciaire.

CHAPITRE PREMIER.

Dans quels cas il y a lieu à la nomination d'un conseil judiciaire.

On peut donner un conseil judiciaire aux prodigues [1] et aux personnes atteintes d'une infirmité d'esprit, qui les rend incapables de

---

1. Les prodigues étaient interdits dans notre ancien droit; mais cette interdiction pouvait être seulement limitée à certains actes. L'art. 13 de la Constitution de l'an III supprima l'interdiction pour cause de prodigalité, et cette mesure ne fut plus adoptée par le Code Napoléon. On agita même très-vivement dans les

bien gouverner leurs affaires. On appelle *prodigue* celui qui dissipe ses biens en dépenses inutiles pour lui-même et pour la société, en jeux, en festins, en présents frivoles, en constructions extravagantes, etc. Il faut donc distinguer l'homme prodigue de l'homme libéral. Ainsi un homme, qui emploie une partie de sa fortune à soulager les maux de ses semblables, à fonder d'utiles institutions, à encourager les beaux-arts, ne peut être considéré comme prodigue. Il en est de même de celui qui perd une partie de ses biens par suite de fausses spéculations [1].

La demande en nomination d'un conseil judiciaire ne doit être ni trop précipitée ni trop tardive. Il faut, avant de la former, examiner si la personne qu'on soupçonne atteinte du vice de prodigalité a l'habitude de faire des dépenses désordonnées, c'est-à-dire si ce vice est l'effet d'un funeste penchant ou de fautes passagères. Il ne faut pas que la demande en nomination d'un conseil soit trop tardive, car elle n'a aucun effet rétroactif sur les actes antérieurs; et puis on doit prévenir le mal avant qu'il soit irréparablement accompli.

discussions préparatoires la question de savoir s'il fallait permettre de nommer un conseil judiciaire aux prodigues. C'était, disait-on, porter atteinte à la liberté individuelle, parce que le prodigue jouit de ses facultés intellectuelles, et au droit de propriété, parce que la propriété consiste dans le droit d'user et d'abuser. On faisait remarquer les troubles domestiques qui en résulteraient, si la femme pouvait faire nommer un conseil à son mari, l'enfant un conseil à son père. Mais le consul Cambacérès fit observer «qu'un prodigue peut devenir un homme dangereux, et que l'État ne peut être indifférent sur le sort des familles.» (Locré, Législ. civile, t. VII, pages 325, 327.)

1. Selon d'Argentré, un homme ne peut être considéré comme prodigue, tant qu'il n'a pas dissipé au moins le tiers de ses biens; et Toullier dit que «des juges qui n'aimeraient pas à décider arbitrairement, pourraient encore prendre cette règle pour guide.» (T. II, n° 1371.) Suivant la jurisprudence moderne, il ne faut pas poser de principe absolu à cet égard. (Besançon, 9 avril 1808, de Pouthier, Sirey, II, 1809, 158; Cass., 4 juillet 1838, Barberaud, Devilleneuve, 1838, I, 654.)

CHAPITRE II.

Par qui la demande de la nomination d'un conseil judiciaire peut être faite. — Des formalités à suivre.

«La défense de procéder sans l'assistance d'un conseil peut être provoquée par ceux qui ont le droit de demander l'interdiction» (C. Nap., art. 514). Ainsi cette défense peut être provoquée par les parents et l'époux, et par le ministère public dans le cas où elle n'est poursuivie ni par les parents ni par l'époux.

La demande de la nomination d'un conseil est instruite et jugée de la même manière que la demande en interdiction. L'interrogatoire est exigé «parce qu'il faut mettre l'homme accusé de prodigalité dans la possibilité de justifier que le dérangement de sa fortune appartient non à l'abus qu'il en a fait, mais à de fausses combinaisons, à des spéculations malheureuses, ou à d'autres causes indépendantes de sa volonté [1].»

Le conseil est toujours nommé par le tribunal; de là vient sa dénomination de conseil judiciaire [2]. Le législateur a remis le soin de

---

1. Rapport de Bertrand de Greuille au Tribunat. (Locré, t. VII, p. 377.) L'interrogatoire des prodigues était exigé par plusieurs Coutumes. (Douai, ch. VII, art. 9; Lille, tit. IV, art. 9; Bretagne, art. 520.) Denizart cite cependant deux arrêts, qui ont interdit des prodigues sans qu'ils aient été interrogés. (V° *Interdiction,* n° 15.) M. de Lamoignon proposa au Parlement de rendre un arrêt de règlement, par lequel on statuerait que l'interrogatoire serait prescrit dans toute poursuite en interdiction, qu'elle ait pour cause la folie ou la prodigalité.

2. Il résulte de ces mots «sans l'assistance d'un conseil qui leur est nommé par le tribunal» de l'art. 513 qu'il n'y a ni conseil testamentaire, c'est-à-dire nommé par le dernier mourant des père et mère; ni conseil légitime, et le père n'est pas de plein droit le conseil de son fils prodigue, ni le mari de plein droit le conseil de sa femme. Le conseil n'est pas non plus datif, c'est-à-dire choisi par le conseil de famille.

Certains auteurs enseignent que le tribunal peut nommer au prodigue et au

cette nomination plutôt à la justice qu'à la famille, parce qu'il a craint que la famille ne nommât un parent disposé à refuser son assistance pour tout acte qui pourrait diminuer la fortune de là personne pourvue du conseil, et par conséquent nuire aux héritiers présomptifs. Du reste, la loi permet aux juges de choisir pour conseil un étranger ou un parent, même un héritier présomptif, s'il leur semble présenter de suffisantes garanties. Le plus souvent le tribunal nomme un étranger, un ami et principalement un avocat, un avoué, un magistrat. La personne qui a été nommée n'est pas tenue d'accepter ces fonctions, car la loi ne lui en impose pas formellement l'obligation [1]. Comme on ne peut pas en règle générale étendre, dans l'interprétation des lois, les obligations qu'elles prescrivent, on ne peut pas dire que la charge de conseil judiciaire soit obligatoire, parce que la tutelle est obligatoire et qu'il y a une grande analogie entre cette charge et la tutelle.

On ne nomme pas de subrogé conseil. Si les intérêts du prodigue ou du faible d'esprit sont contraires à ceux de son conseil, par exemple s'ils ont un procès, le tribunal choisit pour conseil une autre personne, ou nomme provisoirement un conseil ad hoc.

faible d'esprit plusieurs conseils judiciaires, sans l'assistance simultanée desquels ils ne peuvent plaider, transiger, etc. (Toullier, t. II, n°s 1365 et 1377; Chardon, Puiss. tutél., n° 267; Taulier, t. II, p. 132.) Mais cette doctrine est contraire au texte de l'art. 513, qui dit «sans l'assistance d'un conseil.» Je pense qu'il vaut mieux dans le doute supposer que les termes de la loi sont l'expression de la volonté du législateur, que d'aggraver arbitrairement les incapacités qu'ils prononcent.

1. Merlin, Rép., t. XVI, V° Cons. judic., n° 3; Chardon, Puiss. tutél., n° 266.

Selon l'ancienne jurisprudence française on pouvait refuser la charge de conseil judiciaire, et s'en démettre après l'avoir acceptée. (Nouveau Denizart, V° Conseil donné par justice, § 2, n°s 16, 17.)

Suivant Taulier, celui qui a été nommé conseil est obligé d'accepter cette mission, car elle est une charge publique comme la tutelle. La tutelle des mineurs et des interdits étant obligatoire, dit-il, il s'en suit que la curatelle des mineurs émancipés et la charge de conseil judiciaire le sont aussi. (T. II, p. 132.)

CHAPITRE III.

Des effets de la nomination du conseil judiciaire.

Celui qui est pourvu d'un conseil judiciaire garde le gouvernement de son patrimoine, et il agit en son propre nom dans tous les actes civils. Il est seulement tenu d'être assisté de son conseil dans certains cas, lorsqu'il veut, par exemple, plaider, transiger ou emprunter. Cette assistance lui suffit, et il ne lui faut ni autorisation du conseil de famille, ni homologation du tribunal. Je ferai aussi remarquer que l'autorité du conseil judiciaire n'est relative qu'aux biens [1]. Ainsi, celui qui en est pourvu peut se marier, reconnaître un enfant naturel, se donner en adoption ou adopter une personne sans l'assistance de son conseil.

CHAPITRE IV.

Pour quels actes l'assistance du conseil judiciaire est exigée.

Il peut être défendu aux prodigues et aux faibles d'esprit, de plaider de transiger, d'emprunter, de recevoir un capital mobilier et d'en donner décharge, d'aliéner ni de grever leurs biens d'hypothèques, sans l'assistance d'un conseil, qui leur est nommé par le tribunal (C. Nap., art. 513 et 499). Mais le juge ne peut leur défendre de faire aucun autre acte que ceux qui viennent d'être énoncés, ni leur nommer un conseil pour quelques-uns de ces actes seulement : car on ne peut pas, en règle générale, dans l'interprétation des lois, changer ni étendre les incapacités qu'elles prononcent.

1. Cette doctrine était aussi admise dans notre ancien droit : «celui à qui il a été nommé un conseil, dit Denizart, reste toujours le maître de sa personne.» (Nouveau Denizart. V° *Conseil nommé par justice*, § 2, n° 6.)

Celui qui est pourvu d'un conseil n'a pas le droit d'aliéner seul ses immeubles; et comme on aliène de deux manières, directement par échange, vente, etc., et indirectement en contractant des obligations personnelles, qui donnent au créancier la faculté de faire vendre les immeubles du débiteur, il s'en suit que les obligations personnelles contractées par le prodigue sans l'assistance de son conseil ne peuvent être exécutées sur ses immeubles ni sur ses capitaux mobiliers. Mais cette défense d'aliéner ne s'applique pas au droit de tester, que le prodigue ou le faible d'esprit peut exercer comme une personne qui jouit du plein exercice de ses droits, parce que le testateur ne se dépouille pas par son testament, et qu'il prive seulement ses héritiers de ce qu'il lègue à d'autres personnes[1]. Cependant le prodigue ou le faible d'esprit ne pourrait faire de donations entre-vifs sans l'assistance de son conseil[2]. Car le but de la loi, en déclarant qu'on peut leur nommer un conseil, est de les défendre contre les profusions ruineuses, auxquelles ils pourraient se laisser entraîner. C'est donc accomplir le vœu de la loi que d'empêcher qu'ils ne se livrent à ces profusions, et en décidant que leurs donations entre-vifs ne peuvent être faites sans assistance. De même, la personne pourvue d'un conseil ne pourrait pas renoncer à la prescription sans assistance, car ce serait aliéner[3].

Comme l'art. 513, en énumérant les actes pour lesquels l'assistance du conseil est nécessaire, ne comprend pas les actes d'administration,

1. Aix, 14 février 1808, Beauquaire, Sirey, 1808, II, 513; Orléans, 12 août 1819, Devilleneuve, Collect. nouv., 6, I, 449; Cass., 6 juin 1821, Cheneveau, Sirey, 1823, I, 41; Toulouse, 24 mai 1836, Piesce, Devilleneuve, 1836, II, 363; Dijon, 14 mai 1847, Forneret, Devilleneuve, 1848, II, 95; Merlin, Répert., V° Testament, sect. I, § 1, art. 1, n° 3; Toullier, t. V, n° 39; Duranton, t. III, n° 801 et t. VIII, n° 169; Marcadé, art. 513, n° 1; Chardon, Puiss. tutél., n° 270; Poujol, sur l'art. 901, n° 8; Proudhon, t. II, p. 568.

2. Merlin, Répert., V° Testament, sect. I, § 1, art. 1, n° 3.

3. Troplong, de la Prescription, t. I, n° 79.

il s'en suit que la personne pourvue d'un conseil peut faire seule ces actes. Elle peut donc recevoir ses revenus, ses fermages, prendre à bail un logement, engager des domestiques et louer ses services et son industrie, car la loi n'a pas voulu la condamner à l'oisiveté. Elle peut aussi faire faire à ses biens les réparations d'entretien. L'assistance lui est nécessaire pour qu'elle ait le droit de faire faire ces réparations, lorsque le prix en est si considérable qu'il ne peut être acquitté que sur ses capitaux et sur ses immeubles. Cependant, lorsque ces réparations, quoique très-dispendieuses, étaient nécessaires ou même utiles, et que le tiers qui les a faites était de bonne foi, la créance de ce tiers est légitime, et il peut se faire payer sur les immeubles et les capitaux de la personne pourvue du conseil : car il n'est pas juste qu'elle s'enrichisse aux dépens d'autrui, et que ce tiers soit puni pour sa bonne foi. Au contraire, le tiers ne sera plus considéré comme étant de bonne foi, et il ne pourra se faire payer sur les capitaux et les immeubles, si les réparations qu'a fait faire le prodigue ou le faible d'esprit étaient évidemment extravagantes. Par exemple, Paul, qui est pourvu d'un conseil, fait réparer une ferme qui lui appartient et qu'il cultive. Les dépenses que causent ces réparations excèdent ses revenus; mais elles sont nécessaires, car cette ferme tombe en ruines. Le tiers qui fait ces réparations sera censé de bonne foi, et sa créance sera valable, bien que le conseil judiciaire de Paul ne prête pas à celui-ci son assistance pour cet acte. Il n'en serait pas de même si un tiers vendait à Paul un grand nombre de voitures et de chevaux de luxe : car ces dépenses seraient évidemment extravagantes pour un cultivateur, et le tiers qui aurait contracté avec Paul ne serait plus considéré comme étant de bonne foi.

CHAPITRE V.

De quelle manière l'assistance du conseil judiciaire doit être fournie,

Le conseil doit procéder conjointement avec la personne à laquelle il a été nommé dans tous les actes judiciaires et extrajudiciaires pour lesquels cette assistance est nécessaire. Ainsi, les assignations que cette personne fait donner à un tiers doivent être faites en son nom et au nom de son conseil, et elle doit être mise en cause par les tiers simultanément avec son conseil [1]. Il ne suffit pas que cette assistance soit générale pour une série d'actes successifs : il faut qu'elle soit spéciale pour chaque acte. Par exemple, il ne suffirait pas que le conseil donnât une autorisation générale de plaider ; mais il faudrait que son assistance fût demandée pour chaque acte de la procédure, parce qu'une simple autorisation de plaider ne peut «tenir lieu de cette assistance d'un conseil qui, dans les divers incidents qu'un procès peut offrir, doit constamment protéger le prodigue [2].» Il en résulte que celui qui est pourvu d'un conseil ne peut être commerçant, ni contracter une société commerciale, à moins que son conseil ne veuille l'assister dans tous les actes de commerce pour lesquels cette assistance est nécessaire [3]. Comme le conseil doit coopérer à l'acte même, il doit le signer ou au moins prêter son assistance par un acte distinct de l'acte principal [4]. Mais, dans ce dernier cas, cet acte particulier doit bien préciser l'acte principal, c'est-à-dire en déterminer le caractère et la teneur, car il est nécessaire que l'autorisation du conseil soit donnée pour l'acte entier. L'acte particulier doit être antérieur à l'acte principal et

---

1. Chardon, Puiss. tutél., n° 278.

2. Besançon, 11 janvier 1851, Jarre, Devilleneuve, 1851, II, 61.

3. Cass., 3 décembre 1850, Mahussier, Devilleneuve, 1851, I, 777.

4. Selon Toullier (t. II, n°s 1380 et 1382), Duranton (t. III, n° 806) et Taulier (t. II, p. 34) le conseil judiciaire peut prêter son assistance par un acte particulier.

lui être annexé, pour prouver que l'acte principal a été valablement consenti.

Si le conseil refuse abusivement son assistance, le prodigue ou le faible d'esprit a le droit de l'appeler devant le tribunal et de provoquer sa révocation ou la nomination d'un conseil ad hoc[1]. Car la loi n'a pas entendu frapper le prodigue et le faible d'esprit d'une incapacité totale, et ce serait les placer dans cette position que de permettre au conseil de refuser abusivement son assistance. Si c'est, au contraire, la personne pourvue d'un conseil qui refuse d'agir, lorsque son conseil veut qu'elle fasse un acte qui lui serait utile, par exemple un acte interruptif de la prescription contre son débiteur ou contre les détenteurs de ses biens, l'opinion la plus généralement admise est que la personne pourvue d'un conseil a le droit de refuser d'agir : car, dit-on, elle n'est pas interdite, et son conseil ne doit que l'assister, sans prendre d'initiative[2].

1. Orléans, 15 mai 1847, Brujeau, Devilleneuve, 1847, II, 567; Besançon, 11 janvier 1851, Jarre, Devilleneuve, 1851, II, 61.

Selon Chardon (Puiss. tutél., n° 278) et Magnin (des Minorités, t. I, n° 900) l'assistance du conseil peut dans ce cas être suppléée par l'autorisation de la justice.

2. Paris, 15 février 1841, Coutard, Devilleneuve, 1841, II, 224 ; Cass., 8 déc. 1841, Thirion, Devilleneuve, 1842, I, 60; Toullier, II, n°s 1366 et 1382; Marcadé, t. II, art. 513 ; Favard, Répert., V° Cons. judic., p. 664 ; Magnin, t. I, p. 900 ; Duranton, t. III, n° 796.

Cette doctrine était déjà admise dans notre ancien droit : «Le conseil nommé par justice, dit Denizart, ne peut pas agir pour celui à qui il est donné malgré lui, ni le forcer à faire aucun acte.» (Nouveau Denizart, V° Conseil nommé par justice, § 2, n° 2.)

Selon un arrêt de la Cour de Paris du 26 juin 1838, le conseil judiciaire peut agir seul, si le prodigue refuse de le faire, parce que «la loi, qui n'a donné au prodigue un conseil que pour le préserver de la ruine, n'atteindrait pas son but.» (Devilleneuve, 1838, II, 417.)

CHAPITRE VI.

De l'effet des actes pour lesquels l'assistance du conseil judiciaire est nécessaire.

Les actes passés par celui qui est pourvu d'un conseil judiciaire ont la même valeur que les actes faits par un majeur qui jouit du plein exercice de ses droits, la condition que la loi exigeait pour la validité de ces actes ayant été remplie. Lorsque celui qui est pourvu d'un conseil a fait seul des actes pour lesquels l'assistance de son conseil est exigée, ces actes sont annulables[1]. La personne à laquelle le conseil a été nommé peut seule proposer l'action en nullité, qui doit être exercée pendant les dix années qui suivent la main-levée du jugement.

Les actes passés avant la nomination du conseil sont inattaquables pour cause de prodigalité ou de faiblesse d'esprit, parce qu'ils ne pourraient être attaqués qu'en vertu de la loi, et que la loi ne dit pas qu'ils soient attaquables. Cependant ils pourraient être déclarés nuls, s'il y avait eu dol de la part des tiers. Par exemple, si le tiers était un avocat ou un avoué qui a été employé dans l'instruction, s'il connaissait par conséquent la demande, et que le contrat qu'il a passé portât un préjudice notable à cette personne, il est hors de doute que ce tiers était de mauvaise foi.

CHAPITRE VII.

Comment peut cesser l'incapacité qui résulte de la nomination d'un conseil judiciaire.

Comme les formalités exigées pour faire cesser la défense de procéder sans l'assistance d'un conseil sont les mêmes que celles qui sont employées pour faire lever la défense de l'interdiction, je ne répèterai pas ce que j'ai dit sur ce sujet.

1. Bourges, 28 janvier 1842, Medal, Journal du Palais, t. II, de 1842, p. 291.

La mort d'un conseil judiciaire ne détruit pas l'effet du jugement qui l'a nommé ; car le législateur, en disant : «Cette défense ne peut être levée qu'en observant les mêmes formalités» (art. 514), a clairement fait entendre qu'elle ne cesse pas de plein droit. Le jugement qui nomme un conseil contient deux dispositions séparées : par l'une il déclare la prodigalité ou la faiblesse d'esprit de la personne, et lui interdit de plaider, de transiger, etc. ; par l'autre, il lui nomme un conseil. La mort du conseil fait cesser le mandat que le tribunal lui avait confié ; mais elle n'annulle pas la disposition du jugement, par laquelle le prodigue ou le faible d'esprit est déclaré incapable de faire certains actes sans l'assistance d'un conseil.

DROIT COMMERCIAL.

DU JUGE-COMMISSAIRE DE LA FAILLITE.

INTRODUCTION.

Le jugement qui déclare une faillite dessaisit de plein droit le failli de l'administration de tous ses biens. Cette administration est confiée par le même jugement à des agents nommés syndics, contre lesquels toute action mobilière ou immobilière devra désormais être intentée. Comme il est prudent d'exercer sur ces agents une surveillance continuelle, le jugement qui déclare la faillite désigne en même temps un juge pour en être le commissaire. Ce magistrat, dont les fonctions cessent à la liquidation définitive ou lorsqu'un concordat fait rentrer le failli dans l'administration de ses biens, est chargé d'accélérer et de surveiller les opérations et la gestion de la faillite, de faire au tribunal de commerce le rapport de toutes les contestations que la faillite peut faire naître, et qui sont de la compétence de ce tribunal; de convoquer et de présider l'assemblée des créanciers. Il a le droit de rendre des ordonnances qui sont obligatoires pour les créanciers et le failli; mais ses opérations dépendent de l'approbation du tribunal, qui peut le remplacer à toutes les époques par un autre de ses membres.

7

lève des réclamations contre quelqu'une des opérations des syndics, le juge-commissaire statue dans le délai de trois jours, sauf recours devant le tribunal de commerce. C'est lui qui décide si la vente des effets mobiliers ou marchandises se fera à l'amiable ou aux enchères publiques par l'entremise de courtiers ou de tous autres officiers publics préposés à cet effet; qui fixe les conditions du travail du failli, lorsque les syndics l'emploient pour faciliter et éclairer leur gestion ; qui décide quelles sont les sommes qu'il faut déduire, pour le montant des dépenses et frais, des deniers provenant des ventes et des recouvrements, et qui sont versés immédiatement à la caisse des dépôts et consignations; qui fixe le lieu, le jour et l'heure, auxquels l'assemblée des créanciers se formera sous sa présidence ; qui fixe la somme qui sera accordée au failli à titre de secours sur l'actif de la faillite, sauf recours au tribunal de commerce de la part des syndics seulement; qui ordonne, s'il y a lieu, une répartition entre les créanciers des deniers déposés à la caisse des dépôts et consigations; qui en fixe la quotité, et veille à ce que tous les créanciers en soient avertis; qui ordonne que l'avance des frais du jugement de déclaration de la faillite, d'affiche, etc., soit faite par le trésor public, lorsque les deniers appartenant à la faillite ne peuvent suffire immédiatement à ces frais; qui ordonne que les deniers versés par les syndics et tous autres consignés par des tiers pour compte de la faillite soient retirés ou versés directement entre les mains des créanciers de la faillite, sur un état de répartition dressé par les syndics et ordonnancé par lui. Ces ordonnances du juge-commissaire n'ont pas le caractère de jugement et ne peuvent donner ouverture à l'appel.

CHAPITRE IV.

Des rapports que doit faire le juge-commissaire.

Le juge-commissaire est chargé de faire au tribunal de commerce des rapports sur les caractères de la faillite et les opérations des syndics. Ainsi, c'est sur son rapport que le tribunal nomme de nouveaux syndics ou continue les premiers dans leurs fonctions ; que le tribunal arbitre l'indemnité qui leur est due, et qu'il procède à l'adjonction ou au remplacement d'un ou de plusieurs syndics. Le juge-commissaire doit aussi, avant qu'il soit statué sur l'homologation du concordat, faire au tribunal de commerce un rapport sur les caractères de la faillite et sur l'admissibilité du concordat. De même, si, à quelque époque que ce soit, avant l'homologation du concordat ou la formation de l'union, le cours des opérations de la faillite se trouve arrêté par insuffisance de l'actif, le juge-commissaire fait un rapport au tribunal de commerce, qui peut prononcer même d'office la clôture des opérations de la faillite. Enfin, après que les créanciers en état d'union ont été appelés à donner leur avis sur l'excusabilité du failli, le juge-commissaire présente au tribunal la délibération des créanciers relative à cet objet, et un rapport sur les caractères et les circonstances de la faillite.

CHAPITRE V.

De quelques autres attributions du juge-commissaire.

Le juge-commissaire est chargé de convoquer et de présider l'assemblée des créanciers. Ainsi, lorsqu'une faillite a été déclarée, le juge-commissaire convoque immédiatement les créanciers présumés à se réunir dans un délai qui n'excède pas quinze jours, et il consulte les créanciers présents à cette réunion tant sur la composition de l'état des créanciers présumés que sur la nomination de nouveaux syndics. De même, dans les trois jours qui suivent les délais prescrits pour l'affirmation des créances, le juge-commissaire fait convoquer par le greffier, à l'effet de délibérer sur la formation du concordat, les créanciers dont les créances ont été vérifiées et affirmées ou admises par provision. Enfin il convoque les créanciers en état d'union au moins une fois dans la première année, et, s'il y a lieu, dans les années suivantes. C'est lui qui reçoit le serment des créanciers, lorsqu'ils affirment que leur créance est véritable, et qui ordonnance les répartitions de deniers à faire entre eux.

Vu pour l'impression.

Strasbourg, le 6 novembre 1858.

Le Président de l'acte public,

G. Ph. HEPP.

Permis d'imprimer :

Strasbourg, le 7 novembre 1858.

Le Recteur, DELCASSO.

www.ingramcontent.com/pod-product-compliance
Lightning Source LLC
Chambersburg PA
CBHW070913210326
41521CB00010B/2167